STEFAN VANISTENDAEL
JACQUES LECOMTE

Le bonheur est toujours possible

Construire la résilience

Préface de Michel Manciaux

Bayard Éditions

Ouvrage proposé par Agnès Rochefort-Turquin

2ème tirage
ISBN 2-227-13793-2

3, rue Bayard, 75008 Paris

« L'important n'est pas ce qu'on fait de nous,
mais ce que nous faisons nous-mêmes
de ce qu'on a fait de nous. »

Jean-Paul Sartre, *Saint Genet, comédien et martyr*.

« Nous changerons notre regard sur le malheur et,
malgré la souffrance, nous chercherons la merveille. »

Boris Cyrulnik, *Un merveilleux malheur*.

Préface

Michel Angelo a 11 ans quand il est hospitalisé, en 1970, en coma diabétique. Il est le seul enfant d'un couple italien installé en France. Dès qu'il est tiré d'affaire, on essaye d'apprendre à ses parents les bases du traitement à domicile du diabète par l'insuline. Mais le père, maçon occupé sur un chantier lointain, est indisponible. La mère, qui parle à peine français, ne cesse de pleurer sur le malheur qui s'abat sur son fils unique et refuse de prendre en charge le traitement. Heureusement le jeune garçon qui assiste aux séances d'information montre très vite son intérêt et ses capacités de compréhension. Au bout d'une semaine il sait faire lui-même ses analyses d'urine, calculer ses besoins en insuline et se l'injecter correctement : il peut quitter l'hôpital.

Trois mois après, il part en vacances avec ses parents dans un petit village des Abruzzes. Mais la fatigue du voyage, le dépaysement, le changement d'alimentation déséquilibrent son diabète. Affolée, la famille appelle un médecin qui prescrit une hospitalisation immédiate. Mais l'enfant refuse, disant qu'il sait ce qu'il faut faire. Le médecin lui accorde un sursis. Michel Angelo, avec des analyses d'urine toutes les trois heures, des injections supplémentaires d'insuline et une consommation judicieuse de boissons, rétablit la situation et termine ses vacances sans autres problèmes.

À partir de cet épisode, le garçon – intelligent, mais jusque-là peu motivé pour les études – poursuit une scolarité brillante. Il devient ingénieur et réussit une insertion familiale et socioprofessionnelle qui semblait, au début de cette histoire, fortement compromise. Michel Angelo a surmonté une redoutable épreuve et s'est donné un véritable projet de vie. Il a fait preuve de résilience.

Nous connaissons tous, personnellement ou professionnellement, de tels enfants et aussi des familles qui, en dépit de conditions de vie difficiles, surmontent les obstacles, « tiennent le coup » et poursuivent, envers et contre tout, une véritable « trajectoire existentielle » qui fait d'eux des personnes bien insérées socialement, alors que beaucoup d'autres, placés dans les mêmes conditions, perdent pied et s'enfoncent. Mais nous sommes ainsi déformés que nous avons tendance à remâcher ce qui ne va pas, à voir ceux qui « tournent mal » et à ignorer ceux qui s'en sortent bien. Il est temps de reconnaître la valeur et les compétences de ceux qui nous entourent, de les aider à faire émerger ces qualités souvent latentes, de positiver notre regard sur eux. Nous y trouverons des raisons de croire en l'enfant, en l'homme et d'espérer en un avenir meilleur.

Anecdotes exceptionnelles que ces histoires de vies réussies malgré des difficultés graves, des obstacles importants ? Pas du tout. Il y a, depuis plus de trente ans, des études nombreuses, sérieuses, bien documentées qui prouvent que cette « capacité à surmonter » est largement distribuée à travers les pays, les sociétés, les cultures. Universelle, et sans doute de tous les temps, on la désigne désormais sous le nom de résilience. Survivants de la Shoah, enfants dans la guerre, enfants des rues, enfants maltraités ou, plus banalement pourrait-on dire, enfants malades, handicapés, enfants de familles pauvres, de parents alcooliques, de familles désunies :

toutes ces situations, certaines extrêmes, d'autres, plus nombreuses, de malheurs et de souffrances « ordinaires », suscitent en réaction chez certains non seulement une résistance à l'adversité, mais une dynamique existentielle, une véritable volonté de s'en sortir, de se bâtir une vie meilleure.

L'ouvrage que j'ai le plaisir de présenter fourmille d'exemples comme celui de Michel Angelo. C'est l'œuvre de Stefan Vanistendael, responsable de Recherche et Développement au BICE (Bureau catholique international de l'enfance), et de Jacques Lecomte, journaliste spécialisé en sciences humaines. De fait, le BICE a lancé, depuis plusieurs années, une série de programmes inspirés par ce concept de résilience sur plusieurs continents. En retour, il s'est enrichi d'histoires de vie qui montrent toutes – bien qu'à des degrés divers – les ressources extraordinaires d'enfants, de jeunes, qui arrivent à surmonter des situations sérieuses, souvent très graves, et poursuivent leur chemin, plus forts, plus solides qu'avant l'épreuve. Et beaucoup d'entre eux mettent leurs capacités au service des autres. Ressources extraordinaires, ai-je dit, parce qu'elles ne se manifestent pas dans la vie de tous les jours : ces enfants ne sont pas des êtres d'exception, différents de leurs congénères. Ce sont les traumatismes de l'existence, les coups du sort qui les révèlent à eux-mêmes et aux autres.

Quels sont les principaux ressorts de cette résilience ? En premier lieu, donc, la rencontre du risque, du danger, du malheur. Élever, par exemple, un enfant handicapé dans un cocon, le protéger à l'excès sous prétexte de son handicap, c'est mal le préparer à affronter l'existence qui l'attend. Plus positivement, les enfants résilients ont en commun un tempérament qui induit des réponses positives de leur entourage, une aptitude à analyser et à résoudre difficultés et problèmes, la croyance que la vie vaut, malgré tout, la peine d'être vécue. Et surtout, ils ont pu établir une relation forte avec un ou plusieurs adultes – véritables « tuteurs de résilience », dit Boris Cyrulnik – développant avec ceux-ci une confiance, une sympathie, une compréhension mutuelles : en premier lieu les parents ou l'un d'eux, ou un membre de la famille élargie, ou un voisin, un ami plus âgé, un compagnon d'infortune, un enseignant...

Dans leur livre, joliment intitulé *Le bonheur est toujours possible*, Stefan Vanistendael et Jacques Lecomte ne se contentent pas de rapporter de nombreux exemples d'enfants, d'adolescents, de familles, de groupes résilients. Ils analysent finement les tenants et les aboutissants de cette qualité trop méconnue et nous montrent comment elle peut éclore et se développer dans des circonstances variées, dans des contextes culturels et sociaux contrastés. Construction complexe, ils comparent la résilience à une petite maison, la *casita*, qui se bâtit sur des fondations solides : réseaux de contacts informels où le jeune se sent accepté ; comporte un rez-de-chaussée : la capacité à trouver du sens aux événements, à la vie ; puis plusieurs pièces : estime de soi, aptitudes, compétences... ; enfin un grenier et un toit : d'autres expériences à découvrir. Ce schéma peut sembler simpliste : en fait échafaudé par des enfants qui réfléchissaient à ce qui les faisait tenir et vivre, il se prête remarquablement au travail en commun et à l'« invention » de la résilience. Et ces capacités, aptitudes, ressources qui édifient la compétence, les différents chapitres du livre les égrènent en autant de messages : tout le monde a besoin d'un peu d'amour ; savoir écouter la souffrance d'autrui ; les victimes peuvent s'entraider ; donner un sens à la souffrance, à sa vie ; le pardon, porte ouverte sur l'avenir ; ne pas se laisser abattre ; se délivrer d'une fausse culpabilité ; garder l'estime de soi ; s'imaginer un avenir meilleur. L'humour, qui aide à prendre du recul par rapport à un vécu difficile, voire quasi insupportable, favorise aussi la résilience ; et les enfants n'en manquent pas. À preuve le mot de Poil de Carotte, maltraité par sa mère : « Tout le monde ne peut pas être orphelin. » À ce niveau, la philosophie n'est pas loin, et un intéressant développement est consacré à ce thème *a priori* curieux, et qui pourtant n'a rien d'utopique : philosopher avec les enfants, c'est-à-dire les faire réfléchir et s'exprimer sur eux-mêmes, sur les autres, sur les événements, sur le sens de ce qu'ils vivent. De jeunes enfants en sont parfaitement capables dès lors qu'ils sont en confiance, témoin ce petit garçon de 5 ans, orphelin de mère depuis deux ans, à qui un ami de la famille demandait : « Et toi, comment ça va ? » ; il répondit : « La vie est belle, mais il ne faut pas oublier ceux qui sont morts. » Les enfants, parfois, sont nos maîtres !

De la philosophie aux valeurs, à la morale, à la foi, à la croyance dans une vie meilleure, il y a cohérence, sinon continuité. Et plusieurs auteurs mentionnent qu'une appartenance religieuse peut aider au développement de la résilience : « J'ai du prix à tes yeux », disait, admiratif, le psalmiste en d'adressant à Dieu. Il n'est pas étonnant que le BICE et Stefan Vanistendael, qui y travaille depuis des années, insistent sur cette dimension spirituelle.

On le voit, les auteurs n'éludent aucun aspect du concept de résilience et de sa mise en pratique. Ils évoquent également les limites de cette qualité, qui n'est ni absolue ni garantie dans le temps : c'est dire qu'il convient de l'entretenir et qu'il serait inacceptable d'en prendre prétexte pour laisser les sujets et groupes résilients « se débrouiller » seuls tout au long de leur histoire souvent difficile, parfois tragique. De même l'ouvrage mentionne les déviations possibles : certains sujets résilients s'enferment sur eux-mêmes dans un comportement psychorigide ou se coupent du monde, de la vie sociale : prix à payer pour la résilience ou séquelles de souffrances surmontées mais laissant des traces indélébiles ? Ces remarques n'enlèvent rien à l'intérêt du concept, mais montrent qu'il y a encore, en la matière, un immense champ pour la recherche, fondamentale aussi bien qu'appliquée, avec des aller-retour fréquents entre les équipes de chercheurs et les acteurs de terrain, dans le but d'appliquer ce que l'on connaît d'expérience tout en continuant à rechercher les convergences, les lignes de force, les leçons, à travers des histoires de vie toutes singulières. Car nous avons beaucoup à apprendre des enfants, des familles qui manifestent dans leur vie cette qualité sans doute plus répandue qu'on ne le croit. Beaucoup à apprendre aussi de ce livre passionnant qui met la résilience à la portée d'un large public. Les professionnels de l'enfance, de l'adolescence, de la famille, y verront comment un autre regard sur ceux qui se confient à eux – ou qui leur sont confiés – peut changer et enrichir leurs pratiques. Les parents y trouveront une valorisation de leur rôle. En fait, nous pouvons tous être de solides tuteurs de résilience pour les enfants, les nôtres et ceux que la vie nous amène à côtoyer. Et ce livre nous fournit de précieux conseils pour ce faire. Que les auteurs en soient sincèrement remerciés et chaleureusement félicités !

Michel MANCIAUX

Introduction
Un optimisme réaliste

La naissance de Mary fut difficile. L'accouchement, qui suivait d'ailleurs plusieurs fausses-couches, dura vingt heures. Mary grandit ensuite dans un milieu très pauvre. Enfant, elle subit les violences physiques et psychologiques de sa mère qui fut, à plusieurs reprises, internée.

Michael, lui, avait pour parents des adolescents. Né prématuré, il a passé les trois premières semaines de sa vie à l'hôpital, séparé de sa mère. Immédiatement après sa naissance, son père a été envoyé avec l'armée américaine en Asie du Sud-Est, où il est resté pendant deux ans. Quand Michael a eu huit ans, ses parents ont divorcé et sa mère est partie sans donner de nouvelles. Il a alors été élevé par son père et ses grands-parents âgés.

En dépit de toutes ces difficultés, Mary et Michael, à l'âge de 18 ans, avaient une bonne estime d'eux-mêmes, adhéraient à des valeurs profondes, s'intéressaient aux autres et étaient appréciés par leur entourage. Leurs résultats scolaires étaient prometteurs et ils établissaient des plans pour l'avenir. Qui aurait pu dire que Mary et Michael parviendraient, malgré de tels traumatismes, à se construire une vie épanouie ? C'est pourtant ce qui ressort de l'étude menée par Emmy Werner, une psychologue de l'université Davis (Californie), et son équipe. En 1955, elle part sur l'île de Kauai (Hawaii) pour observer 698 nouveau-nés dont elle suivra le développement pendant plus de trente ans [1]. 201 bébés, dont Mary et Michael, présentent alors un risque élevé de développer des troubles, car ils cumulent plusieurs sources de stress – une naissance difficile, une pauvreté chronique, un environnement familial marqué par les disputes, le divorce, l'alcoolisme ou la maladie mentale. À l'âge de dix ans, presque les deux tiers de ces enfants rencontrent de sérieuses difficultés d'apprentissage, et d'autres problèmes à dix-huit ans, tels que la délinquance. Mais un fait étonne l'équipe de chercheurs : ils s'attendaient à ce qu'un nombre bien plus grand d'enfants reproduisent ce schéma. Car ces chiffres peuvent être lus différemment : plus du tiers de ces enfants à haut risque (72 sur 201) grandissent sans problèmes particuliers et, parvenus à l'âge adulte, sont capables de développer des relations stables, de s'engager dans un travail, de se mettre au service des autres. Ils sont en somme des gens constructifs et heureux, sachant « tirer avantage de toute occasion pour s'améliorer ».

Qu'est-ce qui a joué en leur faveur ? Forts de leur découverte inespérée, E. Werner et ses collègues modifièrent le but de leur étude, afin de comprendre les caractéristiques de ces enfants. Ils ont notamment établi, chez ceux qui avaient eu des problèmes à la naissance, que l'éducation pouvait compenser les difficultés initiales. Plus généralement, les enfants qui se développaient bien présentaient souvent les caractéristiques suivantes : ils étaient issus de familles peu nombreuses, avec des naissances espacées, et avaient bénéficié de l'attention d'une personne bienveillante, « qui les acceptait inconditionnellement ». Ils avaient ainsi pu donner un sens à leur vie et contrôler leur destin. Ceux qui étaient

1. E. E. Werner et R. S. Smith, *Overcoming the odds. High risk children from birth to adulthood,* Ithaca et Londres, Cornell University Press, 1992.

mariés entretenaient des relations étroites avec leur conjoint et nombre d'entre eux avaient une foi religieuse profonde.

Mais l'histoire ne s'arrête pas là : un grand nombre des enfants qui avaient connu des difficultés à l'adolescence se sont épanouis à l'âge adulte. Parmi les éléments ayant permis cette évolution, ceux qui revenaient le plus souvent étaient le mariage, le soutien de personnes proches, le fait d'être parent et la participation à un groupe religieux.

Pour qualifier ces enfants, E. Werner et R. Smith utilisèrent le mot « résilience », un terme, emprunté à la physique, qui désigne la résistance d'un matériau à la pression et aux chocs. Depuis, de multiples études ont été réalisées, qui ont confirmé ce surprenant constat : de nombreux enfants confrontés à des situations très difficiles – par exemple, vivant dans un camp de réfugiés ou auprès de parents maltraitants, ou encore ayant une santé très fragile – paraissent néanmoins se développer très bien. Comment un tel parcours, qui semble déjouer tous les pronostics négatifs, est-il possible ? Est-ce dû à des facteurs innés ? Ou bien certains éléments de l'environnement contribuent-ils à cette étonnante capacité de développement ? Et si tel est le cas, que pouvons-nous apprendre de ces individus et de leur entourage qui soit utile pour tous les enfants, voire pour les adultes, en bref pour chacun de nous ?

Les personnes résilientes existent et ont probablement toujours existé. Quelques auteurs ont ainsi constaté des cas de résilience bien avant que le mot ne soit attesté. Jean-Sébastien Bach s'est retrouvé orphelin très jeune et Ludwig van Beethoven avait un père très dur. De même, la littérature nous a familiarisés avec de nombreux exemples de résilience, qu'il s'agisse du Petit Poucet, de Cendrillon, de Remi, le héros de *Sans famille,* de Till l'Espiègle, de Huckleberry Finn, ou encore de certains personnages de Dickens. Dès le XVIIIe siècle, le pédagogue suisse Heinrich Pestalozzi observait que des enfants orphelins ou abandonnés manifestaient un désir de progrès inespéré. « J'ai vu croître chez les enfants, écrit-il, une force intérieure dont l'ampleur a dépassé de loin mes attentes, et dont les manifestations me remplirent d'étonnement autant qu'elles m'émurent [2]. » Dans un tout autre contexte, Anna Freud avait remarqué que les bébés vivant sous les bombardements, durant la Seconde Guerre mondiale, ne semblaient pas souffrir de cette situation extérieure dramatique lorsqu'ils étaient sécurisés par leur mère.

S'agit-il pour autant de personnages exceptionnels ? Il semble que non. En effet, les principaux éléments qui favorisent la résilience (tels que l'amour et l'amitié, la découverte d'un sens à la vie, l'estime de soi, l'impression de pouvoir contrôler son existence personnelle) sont ceux-là mêmes qui favorisent le sentiment de bonheur chez les individus n'ayant pas vécu de traumatisme [3]. On aurait pu s'attendre à des aptitudes exceptionnelles, et l'on retrouve la banalité de la vie. Ou plus exactement, cette vie, notre vie est peut-être moins banale que nous ne le pensons parfois ! Ainsi, les résilients sont comme une lueur d'espoir, et nous pouvons tous tirer des leçons utiles de leur expérience. Ils nous aident à réexaminer notre propre vie, en nous incitant à adopter une attitude constructive face aux problèmes de l'existence.

Du Chili à l'Inde, de la France à Taiwan, du Liban à la Côte-d'Ivoire, la résilience est aujourd'hui reconnue par beaucoup de personnes engagées auprès d'enfants souffrants. Au cours des sessions que j'ai animées dans divers pays du monde [4], j'ai souvent constaté que mes auditeurs réservaient un accueil enthousiaste à cette approche. Le directeur d'un programme pour enfants de la rue en Inde m'a ainsi dit : « Nous savions que la résilience existait, par

---

2. H. Pestalozzi, *Lettres de Stans,* Carouge-Genève, Minizoé, 1996, p. 33.

3. F. Strack *et al.* (dir.), *Subjective well-being,* Oxford-New York, Pergamon Press, 1991. D. G. Myers et E. Diener, « Who is happy ? », *Psychological Science*, janvier 1995, vol. 6, n° 1, p. 10-19.

4. Nous avons choisi d'utiliser la première personne du singulier, pour rendre la lecture de ce texte plus aisée.

expérience, par intuition, mais nous n'avions pas de mots pour l'exprimer. Maintenant, vous nous avez fourni un terme et une systématisation. Nous nous en souviendrons car c'est quelque chose qui est profondément enraciné dans la réalité. Ce n'est pas une mode ni une idéologie. Cette approche va nous donner une nouvelle impulsion dans notre travail avec les enfants. »

Les acteurs de terrain n'ayant pas de mot pour exprimer la réalité de la résilience ont généralement choisi d'adapter le terme anglais à leur propre langue. C'est ce qui s'est passé en France, en Espagne ou en Allemagne : résilience, *resiliencia*, *Resilienz*. Les Norvégiens utilisent parfois l'expression *loevetannbarn*, l'« enfant-pissenlit » (littéralement : l'enfant dent-de-lion). L'image n'est pas aussi farfelue qu'on pourrait le croire à première vue. En effet, cette plante pousse partout, y compris dans des conditions extrêmes. Et, par ses semences qui flottent dans l'air, elle symbolise bien l'effet positif que les résilients peuvent avoir sur leur entourage. En Inde, le symbole choisi était parfois la fleur de lotus, capable de pousser même dans des eaux très troubles. C'est bien la différence essentielle entre la signification du mot en physique et son sens en psychologie : si la résilience désigne dans les deux cas la capacité de s'opposer aux pressions de l'environnement, elle implique également en psychologie une dynamique positive, une capacité d'aller de l'avant. La résilience humaine ne se limite pas à une attitude de résistance, elle permet la construction, voire la reconstruction.

Le fait que la résilience ait échappé pendant si longtemps aux spécialistes de l'enfance est essentiellement dû à une illusion d'optique. Une personne en difficulté (dépression, délinquance, etc.) est plus « visible » qu'une personne normale. Dès lors, nous sommes amenés à nous interroger sur son passé, nous découvrons, par exemple, qu'elle a vécu dans une famille violente. Mais en procédant ainsi, nous passons à côté de tous ceux qui, ayant également vécu dans un contexte difficile, s'en sortent finalement bien. Les travailleurs sociaux et les psychothérapeutes, tous ceux qui rencontrent quotidiennement des personnes en difficulté, sont particulièrement soumis à cette illusion d'optique. Les enfants vraiment résilients fréquentent en effet rarement les services d'aide et restent « socialement invisibles ». L'attention des psychologues et travailleurs sociaux s'est donc longtemps concentrée sur les personnes qui n'arrivaient pas à s'en sortir dans la vie. Dès les premières lignes de leur ouvrage consacré au bien-être, Fritz Strack, de l'Institut de psychologie Max-Planck à Munich, et ses collègues font ainsi remarquer que les psychologues ont beaucoup plus étudié l'origine des soucis et de la tristesse que les facteurs favorisant le bien-être [5].

De là à penser qu'il existe une loi implacable de « transmission intergénérationnelle » de la maltraitance ou de la négligence envers les enfants, il n'y a qu'un pas, malheureusement souvent franchi. Selon cette logique, les enfants martyrs deviendront des parents bourreaux, les enfants placés en foyer ou famille d'accueil auront des enfants qui vivront le même scénario, etc. Travaillant dans le cadre de cette hypothèse, les chercheurs ont généralement utilisé une méthodologie dite *rétrospective*. Elle consiste précisément à analyser le passé des personnes à problème. Ainsi, on aboutit automatiquement à des taux impressionnants de transmission intergénérationnelle, puisque en examinant les origines familiales d'un enfant maltraité, on constate que, dans la plupart des cas, ses parents ont eux-mêmes été maltraités. D'où l'idée que la maltraitance se transmet de génération en génération. Or, cette conclusion est erronée, tout simplement parce que, par la méthode rétrospective, ont été éliminés d'office des statistiques tous ceux qui s'en sortent bien, c'est-à-dire en fait la grande majorité. Si les études rétrospectives nous permettent de mieux comprendre l'expérience passée des adultes observés, ici les parents maltraitants,

5. F. Strack *et al.*, *op. cit.*, introduction.

elles ne nous apprennent rien sur le processus chronologique inverse, c'est-à-dire sur le devenir des enfants maltraités, une fois devenus adultes.

Pour cela, il faut utiliser une méthodologie, dite *prospective* ou longitudinale, qui consiste à suivre à intervalles plus ou moins réguliers une population spécifique, en l'occurrence les enfants maltraités. Ces études sont bien plus longues à réaliser, donc plus coûteuses et plus rares. Revoir régulièrement une centaine de personnes, ou plus encore, pendant cinq, dix, vingt, quarante ans, constitue une vaste entreprise. Mais lorsqu'elle est mise en œuvre, cette méthode révèle que seule une faible proportion des enfants à risque deviennent délinquants et/ou maltraitants (même si cette proportion reste plus élevée que chez d'autres enfants). Notons que c'est précisément une étude scientifique longitudinale, celle d'Emmy Werner – que nous avons décrite plus haut –, qui a fait connaître la résilience. Initialement menée dans le cadre de la conception dominante à l'époque, elle a finalement montré que celle-ci était inadéquate pour rendre compte de la réalité humaine.

Qu'on ne se méprenne pas : il existe bien des cas où cette transmission se produit, où le fait d'avoir été habitué à la violence dans l'enfance conduit à reproduire ce comportement. Mais ce que montrent les statistiques [6], qui va à l'encontre d'une idée reçue et qui devrait inciter à l'optimisme, c'est qu'il s'agit là plutôt d'exceptions.

En fin de compte, le concept de résilience n'a rien de très nouveau, puisque les éléments qui la favorisent sont les mêmes que ceux qui permettent le développement d'une personnalité équilibrée. Et les multiples ouvrages de pédagogie destinés aux parents nous disent tous globalement la même chose. Les résilients ne sont en réalité pas si différents des

6. Voir annexes.

personnes ayant un parcours personnel moins chaotique. Pourtant la résilience change tout, car elle nous conduit à modifier notre regard sur les êtres humains et sur la vie, comme si nous découvrions soudain la beauté profonde d'un tableau que nous avons toujours connu. Face au mode de pensée déterministe, l'introduction de la résilience dans l'univers des sciences humaines correspond bien à une « révolution scientifique[7] ».

Actuellement, certains auteurs continuent d'affirmer que les expériences précoces enfantines conditionnent mécaniquement la personnalité adulte, mais cette conviction repose davantage sur un besoin de cohérence idéologique que sur des arguments scientifiques. D'autres s'opposent à la résilience en affirmant que valoriser ce concept revient à minimiser, voire à justifier les souffrances subies par les enfants. Cette critique est infondée. Il ne s'agit évidemment pas d'occulter le mal en ce monde, de justifier les souffrances ou de les « romantiser ». Les souffrances sont bien là, sans contestation possible. Mais je ne pense pas que la trajectoire d'une vie soit uniquement déterminée par les difficultés affrontées et je suis convaincu qu'il est souvent possible de trouver une façon positive de faire face aux problèmes, de construire une vie.

La croyance en un destin du malheur est non seulement fausse, mais surtout stigmatisante et très lourde à porter. Comme le fait remarquer Boris Cyrulnik, « quand les blessés de l'âme vivent dans une culture pétrifiée qui les juge d'un seul regard et n'en change plus, ils deviennent victimes une deuxième fois[8] ». Des phrases comme « On ne peut pas donner plus d'amour que ce qu'on a reçu » ou « On reproduit

7. T. S. Kuhn, *La structure des révolutions scientifiques,* Paris, Flammarion, 1983. Pour l'épistémologue Thomas Kuhn, l'histoire des sciences n'est pas, comme on le croit souvent, une progression cumulative des connaissances aboutissant à des théories de plus en plus exactes. Elle est plutôt marquée par une succession de longues périodes stables (la « science normale »), parfois entrecoupées de phases agitées (les « révolutions »).

8. B. Cyrulnik, *Un merveilleux malheur,* Paris, Odile Jacob, 1999, p. 66.

toujours ce qu'on a vécu » sont de véritables coups de poignard dans le cœur de l'ex-enfant maltraité qui s'efforce d'être un parent affectueux.

Réfléchir aux moyens de développer la résilience chez les individus, telle sera la préoccupation constante de cet ouvrage. Pour cela, je présenterai de nombreuses recherches en sciences humaines portant bien entendu sur la résilience, mais aussi sur l'attachement, le soutien social, les mécanismes de défense et les stratégies d'ajustement *(coping)*, etc. Ma démarche ne relève pas seulement d'une volonté de savoir, mais de convictions humanistes. En témoigne la place laissée dans ce livre aux non-scientifiques, aux centaines de personnes qui ont personnellement vécu, durant l'enfance ou à l'âge adulte, cette expérience de la résilience, ou qui l'ont côtoyée, dans leur vie professionnelle, en tant que travailleurs sociaux, médecins, « humanitaires », etc.

J'essaierai donc d'assembler progressivement les pièces d'un vaste puzzle. Si les connaissances issues de différentes sources semblent converger, cela signifie probablement que nous disposons d'un savoir solide. S'il y a en revanche divergence, nous sommes invités à chercher plus loin, à nuancer nos idées. Les bonnes hypothèses peuvent être produites par des scientifiques, mais sont également parfois issues de l'expérience pratique des acteurs de terrain. Quoi qu'il en soit, toute hypothèse, y compris la plus brillante, doit être soumise à l'épreuve des faits. Ces deux niveaux d'analyse se complètent très utilement lorsqu'il s'agit de stimuler la résilience. Les connaissances scientifiques fournissent de grands principes de base un peu abstraits. Vient ensuite une autre étape, essentielle, la « généralisation par inspiration », qui implique ce que Michel Manciaux [9] appelle la « mise en situation » du modèle.

Que signifie cette « généralisation par inspiration » ? Tout simplement que, même si les connaissances acquises sur la

9. Professeur émérite de pédiatrie sociale à l'université de Nancy.

résilience sont généralisables, il est toujours nécessaire de s'adapter à chaque situation concrète, de se demander si telle expérience menée dans un certain contexte est vraiment transposable ici et maintenant. Un éducateur de rue peut s'inspirer d'actions concrètes et les ajuster à son propre projet. L'action se poursuit ainsi sans qu'il s'agisse de la généralisation scientifique classique.

Pour illustrer de manière simple et compréhensible les divers aspects de la résilience, j'ai souvent recours à la métaphore de la maisonnette, *casita* en espagnol [10]. Chacune de ses pièces représente un domaine d'intervention potentielle pour ceux qui désirent contribuer à construire, à maintenir ou à rétablir la résilience. À chacun de discerner ensuite, dans la situation concrète, quels meubles il désire placer dans chaque pièce, c'est-à-dire quelle action précise il souhaite mener. Si la science nous éclaire sur les différentes chambres, c'est le terrain qui peut nous aider à choisir les meubles.

La *casita* présente sous une forme sommaire les grands thèmes qui seront développés dans ce livre. Il y a d'abord le sol sur lequel elle est construite, c'est-à-dire les besoins matériels élémentaires comme la nourriture et les soins sanitaires de base [11]. Au sous-sol, nous trouvons les réseaux de relations plus ou moins informelles : la famille, les amis, les voisins, les camarades d'école ou les collègues de travail. Au rez-de-chaussée se situe la capacité de trouver un sens, une cohérence dans notre vie. Au premier étage sont placées trois chambres : l'estime de soi, les compétences et aptitudes, ainsi que l'humour et les autres stratégies d'ajustement. Quant au grenier, il correspond à l'ouverture vers d'autres expériences.

---

10. Une description précise de la *casita* est fournie en annexe.

11. Ces besoins fondamentaux ne sont pas traités dans le cadre de ce livre, car ils conditionnent l'existence même. Sans ces conditions de survie, rien n'est possible.

Comme dans une maison réelle, les chambres de la *casita* communiquent entre elles, ce qui signifie que les domaines de la résilience sont liés. Par exemple, l'estime de soi, considérée par les scientifiques et par les praticiens comme un facteur essentiel de résilience [12], est souvent en lien étroit avec d'autres composantes, comme l'acceptation par autrui ou le sens. Parcourir la *casita* en nous interrogeant sur les points forts et sur les manques peut servir à détecter les forces et les faiblesses d'une personne et de son entourage. On peut s'efforcer, à partir d'un tel constat, de découvrir la meilleure orientation à prendre.

La *casita* de la résilience n'est pas une structure figée et ne doit donc pas impérativement répondre à l'ordre présenté ici. La personne qui souhaite favoriser ce processus chez autrui va commencer à travailler là où elle peut, en se fixant des priorités adaptées aux besoins. Au cours de sessions de présentation de la résilience, j'ai ainsi pu constater que les participants pouvaient imaginer des *casitas* très diverses en fonction de leur pratique professionnelle et de leur culture d'origine. Cette diversité d'approche possible a d'ailleurs pour conséquence immédiate pour le lecteur de cet ouvrage, de pouvoir l'aborder dans l'ordre qui lui convient le mieux...

Il serait donc maladroit de copier purement et simplement les expériences présentées dans ce livre. Certes, cela risque de poser problème à ceux qui souhaitent pouvoir disposer de « recettes » toutes prêtes, de procédures détaillées et sûres, valables en tous temps et en tous lieux. Mais il est douteux que de telles procédures existent dans le domaine de la résilience. Même une expérience ou une procédure bien étudiée, avec des résultats « statistiquement significatifs » – selon la formule scientifique consacrée –, reste en fin de compte une

---

12. Voir par exemple E. E. Werner et R. Smith, *Overcoming the odds, op. cit.* B. Benard, « Protective factor research : what we can learn from resilient children », *Prevention Forum,* mars 1987, vol. 7, n° 3. M. Manciaux (citant les travaux de l'Organisation mondiale de la santé au congrès du BICE), *La résilience : mythe ou réalité ?, Clés pour devenir,* Lausanne, 11-13 octobre 1998.

expérience spécifique. Veillons à ne pas nous laisser abuser par cette expression « statistiquement significatif » lorsqu'elle s'applique à la psychologie humaine. Elle signifie seulement qu'il y a une forte probabilité pour que l'effet observé le soit également avec une population identique et dans un contexte semblable à celui de l'étude. C'est déjà beaucoup, mais, contrairement à une idée commune, cela ne dit rien sur l'intensité de cette relation et ne nous informe que très modérément sur la possibilité de transposer ces résultats dans un contexte différent.

La résilience nous aide précisément à découvrir ce qui permet aux enfants de suivre un cheminement constructif malgré leur vécu difficile. Nous voici donc, dans le cadre de ce livre, placés devant le défi intellectuel et pratique de penser des outils de construction de la résilience qui soient utilisables sans être simplistes. Évidemment, il n'existe pas de procédé qui puisse sortir à coup sûr un individu de toutes ses difficultés. Ce qui s'applique à certains n'est pas forcément adapté à d'autres. Il n'empêche, la résilience, réalité bien plus fréquente qu'on ne l'imagine parfois, nous suggère une attitude optimiste, faite d'espérance réaliste [13]. Dans les chapitres qui suivent, je m'efforcerai de montrer comment la résilience peut se construire, sans fatalisme décourageant, ni illusions trompeuses.

À la fin du livre, le puzzle ne sera pas terminé – ce serait impossible –, mais j'espère que ce parcours vous aura ouvert de nouveaux horizons. Certes, vous ne trouverez pas ici la recette magique de la joie, ni la loi universelle du bonheur, mais vous pourrez découvrir de riches fragments d'expérience humaine qui nous montrent qu'en toutes circonstances l'espoir est toujours permis.

---

13. J'emprunte cette formule au psychologue allemand Friedrich Lösel.

1

« Qui me donne une place dans la vie ? »

Visiblement, Gally revient de loin [1]. De très loin même. Ce jeune Philippin a trois ans lorsque son père quitte le foyer pour vivre avec une femme rencontrée dans une brasserie, laissant à son épouse la responsabilité de trois enfants en bas âge. Quelque temps plus tard, celle-ci se remarie avec un éboueur. Mais les finances de la famille sont fort maigres : tout ce petit monde vit directement sur la terre battue, sous une maison surélevée, dans un emplacement habituellement destiné à garder les poules ou à stocker du bois.

Quand les enfants ont respectivement cinq, sept et neuf ans, leur mère les estime assez grands pour travailler et les envoie vendre des sacs en plastique sur le marché. Mieux vaut pour eux que la journée soit rentable, car lorsqu'ils ne ramènent pas assez d'argent à la maison, elle les frappe ou les oblige à s'agenouiller sur un bloc de sel. Ne supportant plus cette existence, Gally décide à huit ans de rejoindre un groupe de garçons de son âge qui vivent dans la rue.

---

1. Childhope Asia Philippines, « Life after the streets, ten former street children tell their stories », *Research Series,* juillet 1995, n° 7, Childhope Asia, 1210 Penafrania Street, Pco, 1007, Manille, Philippines.

Le jour, ils gardent les voitures des clients d'un hôtel de Manille et, la nuit, ils dorment dans la véranda de l'Asian Social Institute, un organisme aux multiples activités sociales. L'agent de sécurité ferme les yeux, ce qui leur évite d'être arrêtés par la police pour vagabondage. Les garçons nouent progressivement des liens avec le personnel de l'établissement. Parmi eux, sœur Mathilde devient rapidement une amie en qui ils placent toute leur confiance. Celle-ci décide de leur apprendre à lire et à écrire.

À l'âge de dix-huit ans, Gally suit un stage de mécanique auto, puis devient chauffeur de minibus et rencontre à cette occasion celle qui deviendra son épouse. Une petite fille naît en 1983, puis un garçon l'année suivante. Sa femme reste alors à la maison pour les élever. Tirant des leçons de son passé, Gally incite ses enfants à être sérieux à l'école et s'efforce de leur enseigner la valeur de l'argent. Il est fortement soutenu en cela par son épouse, qui partage sa philosophie de la vie et qu'il considère comme une véritable partenaire.

Quand on l'interroge sur ce qui lui a permis de s'en sortir malgré des débuts particulièrement difficiles dans l'existence, Gally pense immédiatement à l'acceptation inconditionnelle que sœur Mathilde a manifestée à son égard. Les larmes aux yeux, il se rappelle comment celle-ci le serrait dans ses bras, ainsi que les autres garçons de la rue, sans prêter attention à leur saleté. Le contraste entre cette attitude accueillante et le rejet exprimé par sa mère lorsqu'il revenait sans argent à la maison l'a beaucoup impressionné. Et Gally se demande encore : « Pourquoi notre mère n'était-elle pas heureuse de nous voir quand nous n'avions pas d'argent ? »

Par ces mots, il fait écho à la question posée avec angoisse par beaucoup d'enfants rejetés : « Qui me donne une place dans la vie ? Pour qui ai-je vraiment de l'importance ? » C'est le cri parfois muet de l'enfant abandonné, de l'enfant qui meurt de solitude et de chagrin, c'est souvent le cri du jeune violent, agressif ou suicidaire.

Cette question est donc cruciale pour toute personne qui cherche à favoriser la résilience chez autrui, et en particulier chez l'enfant. À cet égard, Gally illustre parfaitement un constat fréquent des spécialistes de la résilience : pour qu'un enfant puisse surmonter une situation difficile, il faut qu'il se sente accepté par un adulte [2]. Parfois même, c'est un autre enfant ou jeune qui fournit cette reconnaissance, situation assez fréquente parmi les adolescents. Il n'y a là, à vrai dire, rien de très nouveau, les sciences humaines ne faisant que redécouvrir ce que beaucoup de praticiens avaient déjà constaté, qu'ils soient pédiatres ou psychiatres, parents ou éducateurs.

Précisons d'emblée deux aspects de ce que j'entends par « acceptation ». Les praticiens et les scientifiques parlent souvent de la nécessité d'accepter inconditionnellement une personne pour que la résilience puisse se construire. Mais certains acteurs de terrain font remarquer que l'acceptation inconditionnelle est en fait une notion surhumaine. Un minimum de lucidité sur nous-mêmes nous amène à constater que notre acceptation d'une autre personne est presque toujours conditionnée par certaines attentes de notre part, ce qui est humain et finalement bien compréhensible. C'est pourquoi je préfère parler d'acceptation fondamentale plutôt qu'inconditionnelle.

Par ailleurs, éprouver une acceptation fondamentale envers quelqu'un ne signifie pas admettre n'importe quel comportement, surtout lorsqu'il s'agit d'un enfant ou d'un jeune. Au contraire, car si j'accepte tous ses comportements, je lui adresse en fin de compte le message qu'il m'est indifférent. À moyen et long terme, une telle attitude est probablement

---

2. E. E. Werner, « Children of the garden island », *Scientific American*, avril 1989, p. 76-81. P. Fonagy *et al.*, « The Emanuel Miller Memorial Lecture 1992 : the theory and practice of resilience », *Journal of Child Psychology and Psychiatry*, 1994, vol. 35, n° 2, p. 231-257. B. Bonnie, « Fostering resiliency in kids », *Educational Leadership*, novembre 1993, p. 44-48.

plus perturbante que la confrontation directe, voire un certain degré de conflit.

« Tout le monde a besoin d'un peu d'amour... »

La résilience nous rappelle que nous avons tous, enfants comme adultes, besoin d'être aimés. L'amour signifie l'acceptation profonde de la personne, son accueil stable dans la vie d'une autre, même lorsque se manifestent des comportements ou des traits de caractère qu'on ne peut approuver. Une parole attribuée à Nastassia Kinski pousse ce message à sa logique extrême : « Tout le monde a besoin d'un peu d'amour, surtout ceux qui ne le méritent pas. » Le poète Pablo Neruda a, pour sa part, condensé cet amour quasiment inconditionnel en un vers : *« No te quiero sino porque te quiero »* (« Je t'aime seulement parce que je t'aime »). Rappelons-nous également la phrase fameuse de Montaigne à qui l'on demandait pourquoi il avait éprouvé tant d'amitié pour Étienne de La Boétie : « Parce que c'était lui, parce que c'était moi. »

C'est au sein de sa famille que l'enfant devrait d'abord bénéficier de cette acceptation fondamentale. Certes, il existe une grande variété de formes familiales, que l'on peut constater à travers l'histoire et les différentes cultures. Mais au-delà de cette relativité historique et culturelle, la valeur de ce noyau social qu'est la famille n'a jamais été fondamentalement remise en cause, hormis à l'occasion de quelques expériences de courte durée. Cela est probablement dû au fait que nous avons besoin de relations qui soient à l'abri des aléas de la vie sociale et économique, et qui persistent au-delà même des oscillations émotionnelles des uns et des autres.

La solidité habituelle des liens familiaux n'implique pas que la vie familiale soit toujours facile, au contraire. Car la famille est exposée à d'énormes contraintes externes et internes, ainsi qu'à des attentes parfois démesurées. Mais, malgré ces pressions, malgré les critiques, malgré les déceptions, la famille continue d'exister, de s'adapter, probablement parce qu'elle répond à un besoin fondamental pour lequel la majorité des gens ne trouvent pas de meilleure réponse, même à travers des liens d'amitié.

De nombreux témoignages mettent en évidence les effets bienfaisants de la famille lors de conditions d'existence particulièrement difficiles. Le professeur Stanislas Tomkiewicz souligne qu'en situation de guerre, « la famille représente le facteur modulant principal. Aussi longtemps que l'enfant reste dans sa famille, quelle que soit l'horreur autour de lui, la guerre reste "dehors" et l'enfant vit les événements comme dans un cocon le plus souvent protecteur. Le pire est évidemment la perte de la famille et l'absence d'une de remplacement[3]. »

Bien entendu, cette observation ne justifie aucunement les guerres. C'est même l'inverse, puisqu'elle montre qu'il faut se protéger contre les effets néfastes de ces drames. L'étude menée par le professeur Charles Baddoura sur les enfants pendant la guerre du Liban précise d'ailleurs le constat de S. Tomkiewicz[4]. Les enfants bien entourés par leur famille ont nettement moins souffert des horreurs de la guerre que ceux qui n'avaient pas bénéficié de cette protection, comme si la famille constituait un puissant amortisseur contre les chocs psychiques. Mais il a également observé d'importantes différences selon le type d'attitude adopté par la famille. Par exemple, les enfants déprimés avaient généralement une mère qui n'arrivait pas à maîtriser ses angoisses face au stress, ce qui se traduisait par une attitude hyperprotectrice ou, inversement, trop absente. Pour C. Baddoura, « c'est dans la mesure où il rompt l'étayage parental que l'événement provoque une perturbation chez l'enfant[5] ».

---

3. S. Tomkiewicz, « L'enfant et la guerre », *L'enfance majuscule*, octobre-novembre 1996, p. 5-17.

4. C.-F. Baddoura, « Traverser la guerre », in B. Cyrulnik (dir.), *Ces enfants qui tiennent le coup*, Revigny-sur-Ornain, Hommes et perspectives, 1998.

5. *Ibid.*, p. 81.

Une comparaison des propos tenus par deux mères est à cet égard révélatrice. Celle d'Ali, un enfant psychologiquement perturbé de huit ans, déclare : « Durant ma grossesse, il y avait des obus. J'avais peur, très peur. À la fin, mes nerfs ont lâché, on m'a donné des tranquillisants. Lorsque j'ai accouché, j'ai beaucoup souffert et j'ai fait une dépression. Après l'accouchement, nous avons déménagé plusieurs fois. Cela m'a rendue très faible et Ali a eu très peur. Il a toujours très peur. Il ne dort qu'à côté de moi la nuit. Je le sens et le veux très proche de moi, parce qu'il ne peut pas se débrouiller seul[6]. »

Quant à la mère de Walid, un garçon équilibré de dix ans, elle affirme : « La grossesse s'est déroulée dans de très bonnes conditions bien que les obus se soient abattus tout près d'ici. Par la suite, le quartier en a enduré pas mal, mais on n'a jamais fait sentir l'angoisse aux enfants. Nous parlions, nous discutions beaucoup ensemble de ce qui se passait. J'essayais énormément de me maîtriser, de ne pas crier, d'être calme[7]. »

Le besoin de se sentir accepté, reconnu n'est pas spécifique de l'enfant. Les adultes l'éprouvent également, et les rares qui choisissent de le nier font souvent preuve d'une personnalité dure ou desséchée, et s'enferment dans leur autosuffisance. À cet égard, les nombreux travaux menés depuis une trentaine d'années sur le thème du « soutien social » apportent des informations intéressantes[8]. Ce terme désigne une variété de formes d'aide que l'individu peut mobiliser, le cas échéant, pour faire face aux difficultés de la vie. Il y a certes l'aide matérielle et les services, mais aussi les marques d'affection, les conseils, le renforcement de l'estime de soi et du sentiment d'appartenance à un groupe.

---

6. *Ibid.*, p. 82-83.
7. *Ibid.*, p. 83.
8. Voir notamment les synthèses dans M. Tousignant, *Les origines sociales et culturelles des troubles psychologiques*, Paris, PUF, 1992, chap. 3, et J. C. Coyne et G. Downey, « Social factors and psychopathology : stress, social support, and coping process », *Annual Review of Psychology*, 1991, n° 42, p. 401-425.

Ces études montrent qu'il y a un lien direct entre la présence d'un soutien social efficace et l'équilibre psychologique d'une personne. C'est d'ailleurs la qualité plus que la quantité qui compte dans ce domaine, la présence d'un partenaire compréhensif étant fréquemment la principale source de résilience.

Deux psychologues, Lanae Valentine et Leslie L. Feinauer, ont ainsi interrogé des femmes qui avaient été sexuellement abusées dans leur enfance et qui avaient malgré tout réussi à mener une vie relativement normale[9]. Pour beaucoup d'entre elles, la rencontre avec un partenaire qui les accepte avec leur histoire jouait un rôle fondamental dans cette reconstruction de leur vie. Par exemple, disait l'une d'elles, « mon mariage a été la décision la plus importante de ma vie. Avoir quelqu'un qui croit en moi a fait toute la différence[10]. »

De même, une enquête intitulée « Briser le cercle de la maltraitance[11] » montre que les mères ayant subi des sévices graves pendant leur enfance (brûlées avec un fer à repasser, jetées contre un mur ou un radiateur, régulièrement frappées avec une ceinture ou un fil électrique) et qui ne reproduisent pas le comportement de leurs parents ont bénéficié nettement plus souvent d'un soutien affectif de la part d'un adulte non maltraitant pendant leur enfance, et ont aussi plus souvent des relations satisfaisantes avec un conjoint. Par ailleurs, elles reconnaissent les effets que la maltraitance parentale ont eus sur elles, et les risques potentiels que cela peut entraîner sur leurs propres comportements en tant que mères.

---

9. L. Valentine et L. Feinauer, « Resilience factors associated with female survivors of childhood sexual abuse », *The American Journal of Family Therapy*, 1993, vol. 21, n° 3, p. 216-224.

10. *Ibid.*, p. 218.

11. B. Egeland, D. Jacobvitz et A. Sroufe, « Breaking the cycle of abuse », *Child Development*, 1988, vol. 59, p. 1080-1088.

Donner de son temps, donner de sa vie

L'acceptation d'autrui peut prendre de multiples formes, dont l'une des plus significatives est le temps que l'on choisit de passer auprès de l'autre.

Si vous avez l'occasion, au cours de prochaines vacances ou d'un déplacement professionnel, de vous rendre en Norvège, réservez un moment pour visiter un remarquable petit musée, le musée de l'Art des enfants à Oslo. Vous pourrez notamment y admirer un magnifique tableau, peint dans toutes les nuances de bleu, où l'on voit un jeune couple regardant la mer, avec, sur les épaules de l'homme, un petit enfant qui pointe le doigt vers l'horizon.

Banal, après tout. Si ce n'est que les responsables du musée ont constaté que ce tableau suscite des discussions très animées au sein des groupes de visiteurs, qu'il s'agisse de familles, de classes ou d'amis. Pourquoi ? Parce que l'artiste, une Norvégienne de seize ans, a donné un titre un tantinet provocateur à son œuvre : *Le rêve de chaque enfant, des parents qui ont plus de temps*. De fait, ce rêve touche une corde très sensible car donner du temps à l'autre, c'est reconnaître qu'il existe, c'est lui accorder de l'importance, c'est finalement donner un peu de sa propre vie. Il s'agit là d'un premier signe d'amour, essentiel, mais durement mis à l'épreuve dans notre société. Donner du temps pour écouter les événements d'une journée, pour partager un jeu ou un repas, pour deviser ou accueillir ensemble le silence, pour aider ou être simplement présent quand toute aide est devenue impossible. En bref, aimer, cela prend nécessairement du temps.

Mais même si je souhaite accorder du temps à l'autre, la partie n'est pas gagnée pour autant. Il se peut que nous ne soyons pas disponibles au même moment. C'est là un point de friction fréquent entre le monde de l'enfant et celui des adultes. Un enfant plongé dans son jeu n'a pas forcément envie de s'adapter à une exigence adulte, l'injonction de faire ses devoirs par exemple, et l'adulte qui revient fatigué du travail n'a pas toujours envie d'écouter une longue histoire d'enfant. Le rituel du coucher le soir mérite une attention particulière, parce qu'il se situe à un moment très sensible pour l'enfant, et même pour beaucoup d'adultes.

Savoir écouter la souffrance

Passer du temps avec autrui, c'est souvent se montrer disponible pour l'écoute, autre facteur essentiel de résilience. Certes, il existe une profusion de livres sur les méthodes de communication, sur l'écoute active, etc. Mais aucune technique, si élaborée soit-elle, ne peut se substituer à la finesse, à la sensibilité que requiert l'écoute de l'autre.

La qualité et la sincérité de l'écoute sont particulièrement importantes face à quelqu'un qui a été confronté à une situation traumatisante. Cette personne éprouve en effet souvent deux désirs contradictoires : elle souhaite se confier, raconter le drame qu'elle a vécu, et en même temps, elle n'ose pas le faire, que ce soit par honte, par timidité, par crainte d'importuner son interlocuteur, ou que sais-je encore...

Ainsi, la plupart des rescapés des camps de concentration ont préféré taire leurs souffrances durant des décennies, ce qui n'a pas été sans impact sur leur équilibre psychologique ainsi que sur celui de leurs enfants [12]. Les images qu'ils gardaient en mémoire étaient si horribles qu'elles indisposaient leurs interlocteurs, quand elles ne suscitaient pas l'incrédulité. Comme l'écrit Stanislas Tomkiewicz : « À quoi bon parler puisque personne ne semblait vouloir m'écouter [13] ? » Au

12. N. Zadje, *Enfants de survivants. La transmission du traumatisme chez les enfants des juifs survivants de l'extermination nazie*, Paris, Odile Jacob, 1995. Initialement paru sous le titre *Souffle sur ces morts et qu'ils vivent*, Grenoble, La Pensée sauvage, 1993. Pour un témoignage personnel, lire J.-C. Snyders, *Drames enfouis*, Paris, Buchet-Chastel, 1996.

13. S. Tomkiewicz, *L'adolescence volée*, Paris, Calmann-Lévy, 1999.

point que Jorge Semprun en est arrivé à penser que le seul moyen de raconter une vérité aussi peu crédible était de la romancer. Pour lui, la vérité essentielle de cette expérience était intransmissible, sinon par l'écriture littéraire [14]. Quant aux victimes de viol et d'inceste, elles sont souvent honteuses d'avoir vécu une telle expérience et choisissent de ne pas en parler. Or, selon certains spécialistes, le silence peut avoir des effets aussi dommageables que l'événement lui-même. En effet, par un processus en retour, les victimes peuvent se dire que si elles ont caché cette expérience, cela prouve bien qu'elle était particulièrement négative et honteuse.

En fait, révéler un secret traumatisant peut s'avérer bénéfique ou néfaste, selon les individus et les circonstances, comme l'a montré une synthèse de recherches réalisée par deux psychologues américains [15]. Sur le versant positif, le fait de se confier diminue les problèmes psychologiques et physiques. Les personnes qui révèlent leurs secrets sont moins souvent dépressives et anxieuses, ont une meilleure estime d'elles-mêmes. Parler de ses soucis permet aussi, le cas échéant, de découvrir une nouvelle perspective sur le problème, au travers du regard différent que porte l'interlocuteur sur la situation. Les confidences ont également des retentissements bénéfiques sur la santé physique. Par exemple, une étude a montré que des femmes atteintes d'un cancer du sein avancé et qui bénéficiaient d'un soutien social ont survécu deux fois plus longtemps (trois ans au lieu d'un an et demi) que d'autres patientes qui n'avaient à leur disposition qu'un groupe de soutien médical classique [16].

Mais les confidences ont aussi leur face sombre. Parler de ses problèmes peut entraîner des conséquences négatives, ce

---

14. J. Semprun, *L'écriture ou la vie*, Paris, Gallimard, 1994, p. 35-36.

15. Anita E. Kelly et Kevin J. McKillop, « Consequences of revealing personal secrets », *Psychological Bulletin*, novembre 1996, vol. 120, n° 3, p. 450-465.

16. D. Spiege *et al.*, *Effects of psychosial treatment of patients with metastatic breast cancer*, Lancet, 1989, 2, p. 888-891.

qui expliquerait la discrétion de nombreuses personnes à ce sujet. Tout d'abord, les gens répondent souvent défavorablement à la détresse d'autrui. Une étude a, par exemple, montré qu'après ne serait-ce qu'un quart d'heure d'interaction, les gens déprimés suscitent anxiété, hostilité et rejet chez leurs interlocuteurs.

Une situation de ce type, vécue par l'actrice Anny Duperey, illustre parfaitement cette difficulté à partager sa souffrance. Lors d'un tournage, elle ne peut s'empêcher de pleurer au cours de la journée, après avoir revu en rêve la nuit précédente sa mère, morte alors qu'elle-même avait huit ans. À la fin du repas, son voisin de droite, « un homme doux, chaleureux », la questionne gentiment sur ce qui lui arrive. Elle explique alors son long cheminement : dix ans de déni du drame, dix ans encore à ne plus l'ignorer, dix ans enfin pour prendre le stylo et se livrer. L'homme la regarde un moment, puis, très doucement, « presque avec tendresse », il murmure : « Mais... c'est monstrueux. » Après une seconde de surprise, Anny Duperey lui répond : « Oui, tu as trouvé le mot juste : c'est monstrueux [17]. » La discussion aurait pu se prolonger, l'homme aurait pu tenter de mieux comprendre le vécu douloureux de son interloctutrice. Mais non, il sent qu'il approche là d'un puits de souffrance dans lequel il craint probablement d'être englouti. Alors, il s'éloigne d'elle aussi délicatement qu'il s'en est approché. « Un recul intérieur que je perçus immédiatement, bien qu'il restât charmant, échangeant encore quelques phrases avec moi avant de se tourner vers sa voisine de droite. Je ressentais physiquement la distance mentale qu'il avait prise vis-à-vis de moi. Il avait touché quelque chose qui l'avait effrayé et, peut-être dans une certaine mesure, répugné. » Du coup, Anny Duperey reste seule avec sa souffrance. Et surtout avec ce mot : « monstrueux », qui lui semble dès lors caractériser

---

17. A. Duperey, *Je vous écris...*, Paris, Seuil, 1993, p. 69.

non seulement son comportement mais également sa personnalité profonde. « Quelle nature de brute, de monstre faut-il avoir pour garder ainsi au fond de soi un regret cadenassé, un regret-rempart contre tout abandon véritable, tout sentiment de perte, et s'en faire une force [18] ? »

De toute évidence, ce jour-là, une femme en souffrance aurait malheureusement gagné à se taire, faute de trouver auprès d'elle une oreille véritablement attentive...

Il serait pourtant trop simple de blâmer cet homme. Car la véritable écoute n'est pas chose facile. Elle exige en particulier de reconnaître et de dépasser ses propres démons intérieurs. Quoi qu'il en soit, la personne qui se confie a besoin de savoir qu'elle ne sera pas jugée et que ses propos ne seront pas colportés, ce qui se produit finalement assez rarement. Par ailleurs, l'écoute exige paradoxalement que nous soyons à la fois alertes et réceptifs. Souvent nous préférons apporter des réponses à notre interlocuteur au lieu de simplement l'écouter. Une réponse, c'est valorisant, c'est sécurisant, surtout pour nous-mêmes. Mais choisir d'écouter véritablement, c'est prendre le risque d'avouer son impuissance et abandonner toute velléité de réponse. Je me souviens d'un jeune en détresse qui s'est un jour écrié au milieu de personnes censées l'aider : « J'en ai assez de toutes vos réponses ; est-ce qu'il y a ici quelqu'un qui veuille bien m'écouter ? » L'écoute nous invite donc à sortir de notre volonté de maîtrise, à nous abandonner à la vie, sans calcul.

Beaucoup d'entre nous ont vécu cette expérience déconcertante : écouter les problèmes d'un ami sans pouvoir agir. Dans une telle circonstance, si nous visons le succès à tout prix, nous ne pouvons qu'être déçus. Or, même dans ce cas, l'écoute recèle beaucoup de sens, comme peuvent en témoigner tant de gens qui en ont profité. Il nous faut alors humblement accepter que le succès cède la place au sens. Ceux

18. *Ibid.*, p. 71.

qui accompagnent des sidéens ou des personnes ayant tenté de se suicider vivent parfois douloureusement cette distinction entre succès et sens. Ce qui ne doit pas pour autant nous conduire à faire n'importe quoi, sans le moindre souci de succès ou d'efficacité, sous prétexte que si ce que nous faisons n'a pas de succès, ce n'est pas dépourvu de sens non plus ! La logique de la vie n'est pas souvent symétrique.

L'écriture contre le silence

Les enfants du malheur ressentent tous ce besoin de parler, voire d'écrire, peut-être plus encore quand ils deviennent adultes. Anny Duperey a dédié son livre autobiographique « à tous ceux dont les cris ne sont pas entendus ». David Bisson, l'« enfant du placard », dont le drame avait bouleversé la France, révèle : « J'ai pu exprimer la colère, la tristesse, et mettre cette souffrance au-dehors... ce livre a été une sorte de libération [19]. » Quant à Catherine Enjolet, professeur de lettres – de l'Être, aime-t-elle à dire –, qui a été victime d'un beau-père incestueux, elle a publié un ouvrage intitulé *En danger de silence* [20] où elle donne la parole à diverses personnes ayant doublement souffert : d'un drame dans leur enfance, puis du silence forcé dans lequel elles ont été plongées. Citant en exergue la phrase de Françoise Dolto : « Nous sommes tous sur la planète Taire », cette femme lance ce cri à tous les meurtris de l'existence : « Brisez le silence avant qu'il ne vous brise [21]. »

Parfois, la confidence écrite reste intime. Le journal est pour beaucoup un compagnon sûr, car il crée un espace d'expression à l'abri du jugement d'autrui, ce qui permet un regard sans complaisance sur les autres et sur soi-même.

---

19. D. Bisson et E. de Schonen, *L'enfant derrière la porte*, Paris, Livre de poche, 1995.
20. C. Enjolet, *En danger de silence*, Paris, Robert Laffont, 1999.
21. *Ibid.*, p. 22.

« Ce qui m'a sauvé, raconte Claire, une jeune femme violée à quatorze ans par un ami plus âgé, c'est ces petits carnets sur lesquels j'écrivais la nuit, quand toute la famille était couchée [22]. » Rappelons-nous l'expérience d'Anne Frank, cette adolescente juive d'Amsterdam qui a dû se cacher avec sa famille pendant la Seconde Guerre mondiale pour échapper à l'occupant allemand. Elle ne pouvait plus sortir, même regarder par la fenêtre était dangereux, par risque d'être découvert. Juste avant la fin de la guerre, la famille Frank et leurs amis ont été trahis et tous, hormis le père, sont morts dans les camps de concentration. Le journal d'Anne Frank, retrouvé par une amie de la famille, fournit un témoignage de résilience impressionnant. Anne l'écrivait sous forme de lettres à une amie imaginaire, Kitty. Comme dernier recours, dans ces circonstances extrêmes où même les relations avec ses proches avaient souffert des contraintes extérieures, Anne a fait jouer à Kitty le rôle d'une personne qui l'accepte sans condition. Le journal s'ouvre sur ces lignes qu'elle lui adresse : « J'espère pouvoir tout te confier comme je n'ai encore pù le faire à personne ; j'espère aussi que tu seras pour moi un grand soutien [23]. »

C'est parfois une rencontre...

L'acceptation fondamentale d'autrui recouvre encore d'autres aspects, en particulier le fait de croire véritablement en la valeur de quelqu'un. Un jeune éducateur de rue colombien, lui-même ex-enfant de la rue [24], était un jour interrogé sur ce qui l'avait incité à abandonner ce milieu. Pour lui, tout avait basculé avec une rencontre : « Beaucoup de fac-

---

22. G. de Sairigné, *Tous les dragons de notre vie. Chroniques du bord du gouffre*, Paris, Fayard, 1993, p. 134.
23. A. Frank, *Journal*, Paris, Calmann-Lévy, 1991, p. 11.
24. Je continuerai dans ce livre à utiliser le terme « enfant de la rue » pour des raisons pragmatiques de communication, bien qu'il soit fortement contesté par diverses personnes travaillant auprès de ces enfants.

teurs ont joué un rôle, dit-il. Mais j'ai vraiment pris un tournant à partir du jour où un homme, un éducateur de rue, m'a fait comprendre qu'il croyait réellement en moi. Il a su voir mes possibilités réelles au-delà de mes problèmes apparents de comportement. » Ce jeune homme possède d'ailleurs lui-même une incroyable capacité de communication avec les enfants blessés. Un jour, je visitais avec lui à Manille un centre accueillant des enfants qui avaient été abusés sexuellement. Nous sommes entrés ensemble dans une salle où se trouvaient plusieurs dizaines de ces enfants profondément traumatisés, et ils se sont tous immédiatement retrouvés autour de lui en train de rire et de danser. Cette scène m'a fortement impressionné, et aujourd'hui encore je ne saurais dire ce qui a provoqué une telle réaction. Est-ce un sourire, un geste, une expression du regard ? Ce qui est sûr, c'est que ces enfants ont instantanément compris qu'ils pouvaient faire confiance à cet inconnu.

Je me souviens également de ma visite dans un autre centre accueillant des enfants de la rue en Amérique latine. Le projet était bien construit, l'équipe était très professionnelle, avec un médecin, un psychologue et des éducateurs. Toutefois, le directeur du centre attribuait un rôle important à la cuisinière, une femme illettrée et sans formation particulière. « Cette femme, expliquait-il, aime beaucoup les enfants et eux l'aiment aussi. Il y a une très forte relation entre eux. » Et il ajoutait avec beaucoup de perspicacité : « Au fond, cette cuisinière joue ici un rôle clé, qui va bien au-delà de son statut officiel dans l'organigramme. » Ce cas n'est pas isolé, et beaucoup de personnes à qui je raconte cette histoire ont eu l'occasion de faire un constat identique. D'ailleurs, les sociologues ont depuis longtemps compris que la structure formelle d'une entreprise ou d'une association n'est qu'un cadre, sur lequel se greffent les relations informelles qui permettent à l'ensemble de fonctionner correctement, ou au contraire en perturbent l'agencement.

Quoique bien connu, ce fait est malheureusement trop souvent oublié. La tendance actuelle à formaliser et à cibler le plus précisément possible des projets éducatifs et sociaux conduit parfois à négliger cet aspect essentiel de la réalité. Or, le développement d'une personne, voire d'une communauté, la guérison d'une blessure psychique ne peuvent être assimilés à une action mécanique comme la construction ou la réparation d'une voiture, ni même à la guérison d'une maladie physique. Ces processus humains exigent certes de la rigueur, mais il serait dangereux de croire qu'une démarche qui a produit de bons résultats dans telle circonstance et avec tel individu aboutira nécessairement aux mêmes effets dans un autre contexte. Peut-être devrions-nous plutôt adopter une réflexion stratégique, au cas par cas, en nous demandant : « Comment puis-je aider telle personne à construire une vie "normale" avec tous les impondérables qui sont devant moi, avec cet inextricable mélange de choses positives et négatives ? » Cette réflexion nous conduit au cœur des histoires de vie des personnes résilientes, et c'est d'elles que nous pouvons apprendre des leçons pour l'existence. Dans ce sens, j'aime beaucoup l'expression utilisée par Boris Cyrulnik : « tricoter la vie ». « Avec des bouts de laine biologiques, affectifs, psychologiques et sociaux, nous passons notre vie à nous tricoter[25] », écrit-il.

Les exemples qui précèdent mettent en évidence un élément essentiel. L'acceptation de l'autre, si importante pour la construction de la résilience, se manifeste très souvent de façon non intentionnelle, dans la vie quotidienne, et c'est ce qui la rend si convaincante. La situation la plus caractéristique à cet égard est celle du conjoint, qui joue un rôle essentiel dans l'acquisition par son époux(se) d'un bien-être à long terme. Certes, le mariage n'est pas une thérapie, mais force est de reconnaître qu'il a, dans certains cas, une véritable fonction thérapeutique.

---

25. B. Cyrulnik, *Un merveilleux malheur*, Paris, Odile Jacob, 1999, p. 109.

Cette importance de l'acceptation non intentionnelle peut se constater quotidiennement. Ainsi, je me sens bien plus à l'aise auprès d'une personne avec qui je peux partager simplement un repas, des loisirs, qui reste disponible pour écouter mes soucis, qui n'a pas peur de mes tristesses ou de mes colères, qu'avec une personne qui ne cesse de me répéter qu'elle me trouve formidable ou qu'elle m'accepte comme je suis. Certes, cela fait du bien d'entendre de temps à autre que l'on est aimé et accepté, mais seulement dans la mesure où l'on sent qu'il s'agit là de propos sincères, et non d'une « mécanique » bien huilée de communication. Les enfants et les personnes blessées par la vie sont généralement très sensibles à nos véritables sentiments, qu'ils savent décrypter au-delà de nos bonnes intentions déclarées.

La richesse de l'imperfection

Nous aimerions souvent maîtriser le destin, que ce soit dans notre vie personnelle ou dans nos relations interpersonnelles. Nous souhaiterions un système relativement simple de causalités, par exemple savoir clairement que telle action conduira à tel résultat. Une telle maîtrise rendrait pourtant notre vie beaucoup plus fade. Combien de personnes témoignent ainsi : « Si j'avais connu à l'avance les difficultés que j'ai rencontrées, je n'aurais rien fait mais à présent, je suis heureux de l'expérience que j'ai vécue. » Prendre en compte les facettes impondérables de l'existence et les manifestations inattendues d'autrui nous incite à nous éloigner de la conception habituelle de la responsabilité. Comment peut-on être responsable si l'on ne maîtrise pas les éléments de la vie, si l'on doit avouer son ignorance ? Il n'existe évidemment pas de réponse toute faite à ces défis, on peut seulement explorer quelques pistes. En méditant par exemple cette phrase du docteur Paul Bouvier de Genève, inspirée de la sagesse chinoise : « Si tu veux réaliser un objectif, tu ne dois pas concentrer toute ton attention et toutes tes forces sur lui, mais également changer les conditions qui vont indirectement contribuer à réaliser cet objectif. » De son côté, le psychiatre Victor Frankl parlait d'intention excessive, d'« hyperintention » pour désigner le fait que le désir excessif empêche souvent d'obtenir ce qu'on désire à tout prix [26]. La gymnaste qui cherche à obtenir le geste parfait rate son exercice, l'insomniaque qui se concentre sur la nécessité de dormir est toujours éveillé à trois heures du matin, l'impuissant qui souhaite à tout prix faire bonne figure n'obtient pas d'érection, etc. En fin de compte, nous n'échappons pas à la nécessité d'un certain abandon gratuit à la vie, à ce que certains appellent le « lâcher prise ».

La résilience nous inspire un changement de regard : il semble que nous ayons besoin de ce qui est imparfait et de ce qui échappe à notre maîtrise pour construire une vie riche, profonde et épanouie, en un mot pour être vraiment heureux. Il ne s'agit certes pas de cultiver nos fautes et nos défaillances – ce serait la tentation de la mainmise, du contrôle – mais de les accepter et de vivre avec elles.

Aimer l'autre authentiquement engage tout l'être humain, l'intelligence et la volonté, la patience et la persévérance. Cela implique un intérêt non calculé pour autrui, la capacité de donner et de recevoir le pardon, une sensibilité pour la distance et pour l'intimité, l'aptitude à vivre avec l'échec et l'imperfection. Un tel amour exige certes des efforts, mais il n'est pas élitiste, et il est assurément plus réaliste qu'un état exalté de passion permanente.

26. V. Frankl, *Découvrir un sens à sa vie*, Montréal, Éditions de l'Homme / Actualisation, 1988, p. 129.

2

« Qui peut donc m'aider ? »

« Je te déteste, sale garce, va au diable !

– C'est toi qui finiras en enfer un jour ! »

Ce soir encore, le ton monte dangereusement entre Kevin et sa mère. Cela fait des années que le comportement de l'adolescent pose problème à la maison et à l'école. Mais cette fois-ci, la coupe déborde. Trop, c'est trop ! Exaspérés, sa mère et son beau-père vont, en désespoir de cause, demander à la justice de prendre en charge ce garçon de quinze ans.

Kevin est envoyé par décision du tribunal dans un centre pour jeunes délinquants, qui applique un programme basé sur le principe de l'aide par les pairs. Mais dès le départ, il refuse de participer, estimant que les autres jeunes lui attribuent des problèmes qui ne sont pas les siens et que les membres de l'équipe éducative se comportent en gardiens et traitent les adolescents comme des enfants [1].

Le comportement rebelle de Kevin incite les autorités à l'adresser à un centre accueillant des délinquants ayant

1. C. Kevin, « My Independence Day », *The Journal of Emotional and Behavioral Problems*, été 1994, vol. 3, n° 2, p. 35-40.

commis des crimes graves comme un meurtre ou un viol. Apparemment « inéducable », il est ballotté pendant plusieurs mois de centre de détention en centre de détention, et passe divers tests psychologiques et examens psychiatriques. « Je n'aimais pas les psychologues et ne voulais pas parler de mes problèmes, écrit-il. J'ai appris à construire des murs afin d'éloigner les gens qui voulaient m'aider. »

On peut accorder certaines circonstances atténuantes à Kevin. Sa mère a accouché de lui alors qu'elle était encore adolescente et s'est mariée avec un autre homme que le père quelque temps après la naissance. Mais quand Kevin a eu environ sept ans, sa mère a divorcé de cet époux qui la persécutait. Celui-ci a alors annoncé à l'enfant qu'il n'était pas son père biologique et qu'il ne voulait plus avoir de contact avec lui. Un peu plus tard, Kevin a découvert que son vrai père vivait dans les environs. Malheureusement, lui aussi a très clairement manifesté son refus de le voir. Kevin a beaucoup souffert de ces abandons successifs, et quand sa mère s'est à nouveau remariée, il s'est montré très hostile envers ce second beau-père.

Les expulsions successives des établissements dans lequels la justice envoyait Kevin auraient pu continuer longtemps s'il n'avait été adressé dans un centre de détention dirigé par un certain Jim. « Dès la première fois où je l'ai rencontré, Jim s'est montré amical. Quand il a vu dans mes dossiers que je n'avais pas eu de père, il m'a dit : “Je peux comprendre ce que tu ressens, parce que quand j'étais plus jeune, mon père est mort.” » Puis Kevin fait la connaissance de Larry, un enseignant, et de Jeffrey, un travailleur social, qui l'écoutent vraiment quand il a besoin d'aide. L'espoir commence à renaître en lui. « Dans les autres centres, je me disputais avec les conseillers, ici je travaillais avec eux. J'étais traité d'égal à égal, et en peu de temps j'ai fait plus de progrès que pendant les neuf mois que j'ai passés dans les autres institutions. » Au cours d'une discussion avec Larry, il découvre que celui-ci est convaincu qu'il peut devenir quelqu'un d'utile dans la société, quelles que soient ses difficultés passées.

De fait, Larry, Jim et Jeffrey ont estimé que les tendances à la rébellion de Kevin pouvaient être utilisées comme force de résilience. « Cela nécessite beaucoup de talent, écrivent-ils avec une pointe d'ironie, d'être expulsé de six programmes de traitement en huit mois [2]. »

Contrairement aux éducateurs que Kevin avait connus précédemment, ces trois hommes n'ont pas focalisé leur attention sur ses comportements problématiques, mais ont cherché à combler son intense besoin de reconnaissance et d'autonomie. « Du premier instant où nous avons parlé avec Kevin, nous avons veillé à être très respectueux et à le traiter de la manière la plus adulte possible. » Même les moments de crise ont été des occasions d'apprentissage. Ainsi, à la suite d'une bagarre provoquée par l'adolescent, Jim le place dans une « pièce de restriction », puis il va le voir et lui demande : « Bon, que pouvons-nous apprendre de ce qui est arrivé aujourd'hui ? » Kevin reconnaît d'ailleurs que même dans ces moments difficiles, il se sentait respecté par les membres de l'équipe.

Petit à petit, Kevin s'est ouvert aux autres et a pu parler de ses problèmes. Il est retourné dans sa famille ; sa mère et son beau-père le trouvent aujourd'hui bien plus facile à vivre, même s'il a encore parfois des sautes d'humeur. Il a repris des études et a finalement trouvé un emploi stable.

L'exemple de Kevin montre que l'acceptation fondamentale et la reconnaissance d'autrui posent un énorme défi aux professionnels de l'aide. Il n'est certes pas facile de repérer les facettes positives d'un individu qui s'exprime essentiellement par la violence. Je me souviens d'une rencontre à

---

2. L. K. Brendtro et J. Banbury, « Tapping the strenghts of oppositional youth : helping Kevin change », *The Journal of Emotional and Behavioral Problems*, été 1994, vol. 3, n° 2, p. 41-45.

New York, réunissant autour d'une table une quinzaine de personnes, ayant chacune une longue expérience auprès d'enfants en difficulté, dans des situations très diverses. À un moment de la discussion a émergé la question suivante : « Que pouvons-nous faire pour un enfant si nous n'arrivons pas à établir une relation avec lui ? » Tout le monde se trouvait désarmé. Une relation, même faible, est la condition nécessaire pour que puisse se développer la résilience chez cet enfant.

De façon plus générale, quelle peut être l'attitude de ceux qui veulent aider des personnes en situation particulièrement difficile ? Dans ce chapitre, je tenterai de répondre à cette question en abordant successivement trois niveaux d'intervention possibles : l'individu, le groupe, la famille.

Mais, dès le départ, une précision s'impose. Je suis convaincu qu'il n'y a pas de recette miracle, pas de procédé reproductible en tout temps et tout lieu. Les exemples que je présente dans ce chapitre ne sont donc pas des modèles à suivre religieusement, mais plutôt des expériences humaines qui peuvent constituer des sources d'inspiration. À chacun, à chaque groupe d'estimer dans quelle mesure tel ou tel élément peut être utilement repris, en le modifiant, si besoin est, en fonction du contexte local et des personnes concernées. Cette approche souple, que j'appelle « généralisation par inspiration », me semble la plus adaptée pour répondre aux besoins spécifiques des individus et des groupes. Cette conviction constitue d'ailleurs un fil directeur qui accompagnera le lecteur tout au long de cet ouvrage.

Cependant, un état d'esprit commun anime toutes ces expériences et doit nécessairement être au cœur des préoccupations des personnes désirant favoriser la résilience chez autrui. C'est précisément l'acceptation et le regard optimiste porté sur la personne, un regard qui se concentre sur les éléments qui favorisent son progrès plutôt que sur les causes de ses troubles. Gardons toujours présent à l'esprit qu'une technique d'écoute de l'individu, une action menée auprès de familles n'a véritablement de sens que si elle exprime bienveillance et accueil, et si celui ou celle qui l'adopte est, en quelque sorte, « habité » par un regard optimiste sur le devenir d'autrui.

Accueillir l'autre tel qu'il est

Sur le plan de la thérapie individuelle, Carl Rogers est certainement celui qui a le plus contribué à diffuser cette orientation [3]. La conclusion qui s'est imposée à lui au cours de sa longue expérience thérapeutique est qu'au fond d'eux-mêmes, tous les êtres humains sont mus par une orientation positive. Le thérapeute ne peut qu'adopter une attitude d'empathie afin de comprendre vraiment ce que la personne ressent, bien que cela ne soit pas toujours facile. Pour C. Rogers, c'est dans la mesure où la personne se sent vraiment acceptée par le thérapeute qu'elle peut commencer à s'accepter véritablement elle-même. Il pose cette question à toute personne souhaitant établir une relation d'aide, question particulièrement adaptée au processus de résilience : « Suis-je capable de voir cet autre individu comme une personne qui est en devenir ou vais-je être ligoté par son passé et par le mien ? »

C. Rogers estime également qu'une relation d'aide efficace implique que le thérapeute se libère de sa façade et soit congruent, c'est-à-dire qu'il y ait un accord profond entre ce qu'il ressent au fond de lui et ce qu'il exprime par ses mots et ses gestes. Ainsi, « la leçon la plus fondamentale que doit retenir celui qui désire établir une relation d'aide quelle qu'elle soit, est qu'il est en fin de compte toujours plus sûr de se montrer tel qu'on est ».

---

3. C. Rogers, *Le développement de la personne*, Paris, Dunod, 1968. *La relation d'aide et la psychothérapie*, Paris, ESF, 1996.

Des études d'évaluation ont confirmé l'intérêt de cette perspective. Elles ont montré qu'au-delà des différences entre méthodes, un élément déterminant de l'efficacité d'une psychothérapie est l'attitude empathique manifestée par le thérapeute [4]. Dans son petit ouvrage sur l'évaluation des psychothérapies, Paul Gerin, lui-même thérapeute et maître de recherches au CNRS, confirme que « les facteurs déterminants du processus psychothérapique se trouvent au niveau des qualités personnelles du patient et du psychothérapeute et dans leurs interactions, plutôt que dans les méthodes thérapeutiques [5] ».

Cependant, après avoir suscité beaucoup d'intérêt, la démarche proposée par C. Rogers a déçu certains praticiens qui ont fini par penser que la non-directivité qu'il prônait pouvait être assimilée à du laxisme. Notons cependant que C. Rogers, conscient de ce risque, avait finalement remplacé l'expression initiale « thérapie non directive » par celle de « thérapie centrée sur le client ».

L'approche de Colette Portelance, psychothérapeute réputée au Canada, répond précisément à cette critique. Convaincue elle aussi que l'attitude du thérapeute joue un rôle plus important que la technique utilisée, elle s'est fortement inspirée de Rogers, mais en y apportant une nuance essentielle [6]. Selon elle, toute relation d'aide doit faire appel à deux attitudes bien distinctes : d'une part la non-directivité dans le contenu, d'autre part la directivité dans le contenant. La non-directivité dans le contenu signifie la capacité de l'aidant de respecter et accepter le plus possible les sentiments, les émotions, les blocages, les besoins et opinions de l'aidé. Parallèlement, la directivité dans le contenant désigne le fait que

4. L. Luborsky *et al.*, « Factors influencing the outcome of psychotherapy : a review of quantitative research », *Psychological Bulletin*, 1971, vol. 75, n° 3, p. 145-185.

5. P. Gerin, *L'évaluation des psychothérapies*, Paris, PUF, 1984, p. 32.

6. C. Portelance, *Relation d'aide et amour de soi*, Montréal, CRAM, 1998.

l'aidant met en place et fait respecter les contraintes de temps et d'espace, les règles du jeu, les limites, etc. La première attitude répond au besoin fondamental d'écoute, présent en chaque être humain, tandis que la seconde répond au besoin de sécurité, tout aussi essentiel et structurant. Ainsi, « ce n'est qu'à l'intérieur d'un cadre directif solide que peut vivre une non-directivité saine parce qu'elle est à la fois sécurisante et créatrice ». Pour cette raison, Colette Portelance souligne qu'accepter une personne ne signifie pas pour autant accepter tous ses comportements.

Selon C. Portelance, l'échec des réformes pédagogiques et de certaines psychothérapies vient essentiellement de ce que l'on renverse ces deux éléments, en rendant le contenant non directif, par un manque d'encadrement, et le contenu directif en évaluant et en jugeant le comportement de l'autre.

Bien que pris dans un autre contexte que le cabinet du thérapeute, un exemple simple illustre l'importance d'un milieu sécurisant, en particulier pour l'enfant. Plusieurs projets pour enfants de la rue offrent à ceux qui souhaitent y participer un petit espace sûr et individuel, parfois fermé à clé, où ils peuvent ranger leurs quelques possessions. Cette forme d'acceptation, très importante pour l'enfant qui n'a jamais connu cette sécurité, est une façon de lui donner une place, au sens littéral du terme. Beaucoup d'enfants plus aisés ont bien un espace à eux, où ils peuvent ranger leurs peluches préférées, mais l'espace est déjà si sûr à l'intérieur de la maison, voire de leur propre chambre, qu'il n'y a plus besoin de le sécuriser davantage avec une armoire fermant à clé. Cet espace de sécurité peut aussi se traduire par un petit coin de jardin dont l'enfant a la responsabilité, ou même un pot de fleurs, lorsque les conditions ne permettent pas plus.

Deux autres idées de Colette Portelance nous semblent également intéressantes dans notre réflexion sur la résilience. D'une part, elle affirme que l'acceptation de soi-même, tel qu'on est, constitue paradoxalement une étape essentielle de progrès, voire de changement. « Franchir l'étape de l'acceptation, c'est se donner le droit d'être soi-même avec ses forces et ses faiblesses. Reconnaître ses faiblesses, c'est se donner la possibilité de reconnaître aussi ses forces et de les utiliser pour se créer. [...] Changer, ce n'est pas essayer d'être autre que celui que l'on est mais au contraire s'accepter tel qu'on est avec ses forces, ses faiblesses et ses limites sans honte ni culpabilité. » En fait, il semblerait que l'idéal soit l'association de ces deux attitudes apparemment opposées : une acceptation lucide de soi-même permettant de conserver une bonne estime de soi, une orientation positive vers l'avenir permettant l'évolution personnelle.

Par ailleurs, cet auteur estime que pour tout être, l'amour constitue la nourriture psychique la plus importante, et que par conséquent, « il n'y a pas d'aide efficace et durable sans amour authentique. [...] L'aidant – parent, professeur, éducateur, médecin, animateur, psychothérapeute ou autre – qui n'est pas habité par un profond amour de lui-même, de l'être humain et de son travail, ne fait, à mon avis, qu'un travail de technicien, de routine. »

Être attentif aux capacités d'évolution

L'orientation positive vers l'avenir, c'est précisément ce qui intéresse Nancy Palmer, directrice d'un programme de travail social à l'université Washburn à Topeka, dans le Kansas, qui a montré que la notion de résilience peut aider les professionnels à découvrir les capacités d'évolution des personnes ayant souffert dans leur enfance [7]. Elle a étudié le parcours d'enfants d'alcooliques devenus adultes. Selon elle, la conception de l'alcoolisme comme maladie, qui est aujour-

7. N. Palmer, « Resilience in adult children of alcoholics : a non pathological approach to social work practice », *Health and Social Work*, août 1997, vol. 22, n° 3, p. 201-209.

d'hui la plus répandue dans la communauté professionnelle et le grand public, n'a pas véritablement reçu de preuve empirique, et incite à percevoir les ex-enfants d'alcooliques de façon pathologique. Certains auteurs ont même proposé une nouvelle catégorie diagnostique pour ces personnes, un trouble de la personnalité appelé codépendance.

Nancy Palmer propose donc une approche non pathologique pour comprendre leur itinéraire, en tenant compte du fait que la résilience est un processus évolutif, dont elle repère quatre degrés :

– *La survie anomique :* vivant dans un état de constant chaos, l'individu concentre toute son énergie sur sa survie et sa sécurité. Il ne fait que très peu appel à ses ressources personnelles et à celles de son entourage, et a des pensées et des comportements destructeurs.

– *La résilience régénératrice :* dans cette phase, se développent des compétences et des stratégies d'adaptation constructives. La personne découvre des moyens plus efficaces de gérer les défis que lui pose l'existence et commence à faire appel à ses ressources personnelles et à celles de l'entourage. Cette amélioration est cependant incomplète, les périodes de stabilité étant entrecoupées de fréquentes crises.

– *La résilience adaptative :* les périodes stables sont assez longues malgré quelques coupures. La personne porte un regard positif sur elle-même et éprouve un sentiment personnel d'unité. Elle sait bien utiliser ses ressources personnelles et celles de son environnement, ce qui lui permet d'évoluer.

– *La résilience florissante :* la personne s'adapte bien aux réalités de l'existence et utilise pleinement son énergie. Elle éprouve un profond sentiment d'intégration personnelle et considère que la vie a du sens et qu'elle-même peut la maîtriser.

L'auteur a interviewé dix personnes adultes ayant grandi dans un foyer marqué par l'alcoolisme et a constaté que la majorité d'entre elles fonctionnaient mieux qu'on n'aurait pu s'y attendre. En effet, la moitié se situe dans les deux catégories les plus élevées de résilience et seul un homme entre dans la catégorie de la survie anomique. De plus, plusieurs personnes sont en phase de transition d'une catégorie vers une autre plus élevée. C'est le cas d'Anna, qui évolue de la survie anomique vers la résilience régénératrice. Sa croissance est cependant ralentie en raison du décès récent de personnes qui ont joué un rôle important dans sa jeunesse, par leur soutien affectif qui est venu contrebalancer l'impact négatif de l'alcoolisme, de la violence et des abus sexuels de sa mère. Un autre exemple d'évolution est celui de Carmen, qui a parcouru les différents stades de la résilience depuis la survie anomique jusqu'à la résilience florissante.

En conclusion de son enquête, Nancy Palmer fait remarquer que « la focalisation permanente sur la pathologie contribue significativement à un manque de sensibilité aux efforts de l'individu ou de la famille pour faire face au stress » et qu'inversement, « quand les chercheurs changent leur regard sur une population, ils changent ce qui peut être vu [8] ».

Un tel changement de regard conduit inévitablement à un changement de comportement chez les professionnels de l'aide, notamment en dynamisant les ressources des personnes. Prenons un exemple qui nous vient du Chili. Dans ce pays, beaucoup de refuges pour sans-abri étaient gérés de manière assez classique : les indigents y recevaient un peu de nourriture et pouvaient disposer d'un lit pour passer la nuit. De cette façon, l'asile entrait dans la stratégie de survie des sans-abri. La résilience a inspiré les responsables d'un centre à changer d'orientation : les éducateurs s'efforcent à présent d'entrer véritablement en relation avec ces hommes, en essayant de voir comment ils pourraient mieux se prendre en main.

8. *Ibid.*, p. 206.

« Personne ne battra jamais mon bébé comme j'ai été battue »

Un remarquable exemple de l'aide que peut apporter un(e) thérapeute nous est présenté par Selma Fraiberg, du département de psychiatrie de l'université du Michigan, et ses collègues.

Annie est une jeune mère de seize ans, qui refuse de s'occuper de son fils Greg, trois mois et demi, et qui laisse son mari le faire. La famille d'Annie est connue depuis trois générations par les services sociaux ; son père est décédé lorsqu'elle avait cinq ans, et sa mère abandonnait régulièrement sa famille. Quant au beau-père, c'était un alcoolique qui frappait Annie avec une planche.

Une équipe de thérapeutes et chercheurs, travaillant pour le « Programme pour le développement de l'enfant », a souhaité apporter son aide à cette jeune femme [9]. Annie refuse tout d'abord, mais une relation de confiance s'installe progressivement entre elle et la thérapeute. Après plusieurs visites de celle-ci au domicile d'Annie, cette jeune femme raconte sa douloureuse histoire. C'est à cette occasion, alors que le bébé se met à pleurer, que la thérapeute voit pour la première fois Annie aller le prendre et le serrer fortement dans ses bras. Cependant, en le taquinant elle lui dit : « Je vais te battre » et même : « Quand tu seras grand, peut-être que je te tuerai. » La thérapeute en conclut que si Annie a si peur de se rapprocher de son bébé, c'est en fait par crainte de le détruire.

Au cours des visites suivantes, Annie continue à parler de son histoire, et la thérapeute en profite pour établir discrètement un parallèle entre son besoin d'amour et le besoin d'amour de son fils. Annie arrive progressivement à exprimer

---

9. S. Fraiberg, E. Adelson et V. Shapiro, « Fantômes dans la chambre d'enfants : une approche psychanalytique des problèmes qui entravent la relation mère-nourrisson », *Psychiatrie de l'enfant*, 1983, vol. 26, n° 1, p. 57-98.

plus librement ses affects douloureux par rapport à ce qu'elle a vécu, et dit qu'on ne doit pas frapper un enfant. Au milieu de ses crises de larmes, elle va chercher son bébé et le prend dans ses bras. Selon l'équipe de chercheurs, c'est parce que Annie s'identifiait initialement à ceux qui l'avaient agressée qu'elle avait eu tendance à répéter ses conduites de violence et de négligence envers Greg. Alors que, maintenant, elle protège son enfant, au point de déclarer un jour : « Personne ne battra jamais mon bébé comme j'ai été battue. »

À chaque fois qu'Annie manifestait une attitude protectrice vis-à-vis de son bébé, la thérapeute lui faisait des remarques positives à ce sujet. Parfois, elle parlait à la place de Greg : « N'est-ce pas agréable d'avoir une maman qui sait exactement de quoi j'ai besoin ? » Elle faisait remarquer à Annie que Greg apprenait à l'aimer et à lui faire confiance parce que la jeune femme le comprenait. Petit à petit, Annie découvrit ainsi, grâce à l'aide de sa thérapeute, qu'elle pouvait être une mère attentive aux besoins de son enfant, mais aussi qu'elle également avait droit à la chaleur et à la tendresse qu'elle n'avait jamais connues. Elle a pu progressivement exprimer ses propres besoins à sa thérapeute et à son mari. Quelque temps plus tard, Annie, après avoir fait une fausse-couche, a été de nouveau enceinte et a dit qu'elle désirait ce bébé. Visiblement, la résilience s'est mise en route grâce à l'écoute empathique d'une thérapeute.

Rassurer celui qui a été abandonné

L'aide thérapeutique peut aussi être apportée au sein d'une institution, comme le montre l'expérience vécue par le psychiatre d'adolescents Stanislas Tomkiewicz pendant plusieurs dizaines d'années dans un centre d'accueil pour jeunes délinquants [10].

---

10. S. Tomkiewicz, *L'adolescence volée*, Paris, Calmann-Lévy, 1999, chap. 5.

Ceux-ci souffraient d'un « syndrome abandonnique », c'est-à-dire qu'ils n'avaient jamais été aimés de manière stable, ce qui se traduisait par une profonde insécurité affective et une intolérance massive aux frustrations, avec comme conséquence des actes agressifs ou de la dépression, de la difficulté à organiser le passé et à se projeter dans l'avenir, ainsi qu'une faible estime de soi.

S. Tomkiewicz considère que, si ces jeunes n'ont pas appris à respecter les autres, c'est avant tout parce qu'ils n'ont pas été d'abord eux-mêmes respectés. Dès lors, ils croient, parfois inconsciemment, qu'ils ne valent rien et qu'ils sont indignes d'être aimés ou respectés. C'est cette croyance en leur non-valeur fondamentale et irréversible qui leur fait rompre toute relation positive, par peur d'être abandonnés. Dès lors, convaincu qu'il n'existe pas d'enfant ou d'adolescent foncièrement antipathique, S. Tomkiewicz décide de commencer par les aider à (re)trouver une bonne image d'eux-mêmes, plutôt que de se focaliser sur le délit et ses causes.

Le défi est énorme, d'autant plus que le jeune qui arrive dans le centre est escorté par deux policiers et a tendance à considérer le psychologue ou le travailleur social comme un flic, un juge ou, pis encore, comme un père qui l'a battu. Mais au foyer de Vitry où S. Tomkiewicz exerce ses fonctions, les conditions sont, dès l'arrivée du jeune, bien différentes de celles existant dans d'autres centres. C'est tout d'abord un adolescent comme lui qui l'accueille en premier dans cet établissement dont l'entrée n'est pas fermée à clé. Par la suite, a lieu l'acte le plus décisif de la journée, l'entretien avec Joe Finder, à la fois directeur du centre et thérapeute. Celui-ci ne pose alors aucune question classique à l'adolescent : il s'informe de l'accueil que lui a réservé le groupe, lui demande son avis, lui offre des bonbons ou des cigarettes, lance même des plaisanteries absurdes. Tout cela sans se préoccuper apparemment du délit qui a conduit cet adolescent violent dans l'établissement. Or, derrière cette apparente décontraction, se cache une soigneuse préparation, aucun détail n'étant laissé au hasard.

À la fin de cette journée, le jeune est libre de venir au foyer ou non. S'il accepte, il signe son accord et s'engage à respecter la « constitution ». En trente ans, seuls deux jeunes ont refusé leur entrée.

Pour parvenir à la revalorisation de l'estime de soi chez le jeune, les employés de l'établissement sont invités à adopter ce que S. Tomkiewicz appelle une « attitude authentiquement affective » (AAA). Il dit avoir inventé cette expression autant pour lui donner un cachet scientifique, non dépourvu de dérision, que pour éviter le mot « amour », qui aurait provoqué la méfiance légitime des garçons. Le but poursuivi est cependant très clair à ses yeux : transmettre au jeune délinquant « le sentiment qu'il pouvait être aimé » et garder ensuite cette attitude pendant toute la durée du séjour, soit parfois plusieurs années. Cet engagement moral a un caractère permanent et irréversible, condition indispensable pour que soit restaurée la sécurité affective du jeune. Ce qui n'empêche pas la critique de certains comportements jugés inacceptables. Les diverses activités mises en place dans le foyer visent le même but. Partant de l'idée que tous ces jeunes ont une énergie créatrice potentielle, les ateliers de peinture ou de théâtre ont ainsi pour principale finalité d'« offrir à chacun les moyens de se faire aimer ».

Le foyer de Vitry appartient aujourd'hui au passé, mais le témoignage de S. Tomkiewicz nous montre l'intérêt de l'approche adoptée. Une étude d'évaluation qu'il a menée avec le docteur Zeiller auprès des 138 premiers pensionnaires cinq ans après leur sortie fournit un bilan assez éloquent, même si l'absence d'une population de comparaison interdit d'en tirer une conclusion définitive. Seuls 15 % des adolescents ont récidivé, un quart d'entre eux sont devenus des adultes épanouis (et pas seulement non antisociaux) et une dizaine ont présenté des troubles graves. S. Tomkiewicz souligne aussi que la grande majorité de ces jeunes est devenue tout simplement névrotique, et il pose cette question : « Est-ce le prix à payer pour la perte du comportement asocial ? » Cette remarque est l'occasion de noter que la résilience est rarement totale et comporte fréquemment certaines zones d'ombre. Mais au fond, qui pourrait se vanter d'être parfaitement normal ?

Il faut toutefois préciser un dernier aspect de la vie au foyer de Vitry. Tout l'édifice de ce centre reposait sur l'engagement personnel et le charisme de Joe Finder, le directeur. S. Tomkiewicz fait remarquer au passage que l'AAA de cet homme a été indestructible pour les quatre cents jeunes qui ont séjourné au foyer. Un seul cas a semblé dépasser les capacités de Joe, un lycéen très intelligent qui avait assassiné un enfant de quatre ans avec préméditation et sadisme. Joe était disponible en permanence : il vivait au foyer vingt-quatre heures sur vingt-quatre, sept jours sur sept et ne s'en absentait pas plus de deux ou trois jours par an, cela pendant une trentaine d'années ! Une telle attitude constituait peut-être une réponse adaptée au besoin de stabilité éprouvé par les jeunes, mais elle montre également que ce genre d'expériences n'est pas aisément reproductible.

Ainsi, le professionnel de l'aide en arrive nécessairement à éprouver les limites de son action, en particulier face à des personnes ayant beaucoup souffert et qui ont donc besoin d'un soutien important et rapidement disponible en cas de besoin. Un exemple entre mille illustre cette nécessité. Le travail mené auprès d'enfants exploités sexuellement aux Philippines, à la fondation Salinlahi, avec une équipe de professionnels attentionnés et qualifiés, a montré que la guérison des blessures psychologiques (sentiment d'impuissance et de culpabilité, par exemple), la restructuration des croyances et de valeurs perverties et négatives, leur remplacement par des facteurs de guérison tels que l'espoir, le respect de soi et la capacité de se pardonner occupaient un temps considérable[11].

---

11. C. Hiew, « Programmes “Enfants et Résilience” : une réponse aux enfants exploités sexuellement en Asie », *L'enfance dans le monde,* 1994, vol. 12, n° 1, p. 29.

Pour cette raison, il me semble que le rôle indirect du professionnel de l'aide, en tant que catalyseur, devrait être plus profondément exploré que cela n'a été le cas jusqu'à présent. Il n'est assurément pas facile d'abandonner le schéma classique de l'expert qui établit un diagnostic des problèmes et qui apporte une solution d'après ce qu'il juge bon. Certes, une telle intervention est parfois nécessaire, pourtant il arrive aussi que la personne pourrait être mieux aidée si on l'incitait à s'appuyer sur ses propres ressources et sur celles de son entourage. Mais pour cela, il faut croire avec passion dans les possibilités de tout individu, même si celles-ci sont parfois cachées derrière des comportements perturbants, comme c'est le cas des jeunes en difficulté.

Comment les victimes peuvent s'entraider

Une manière originale de catalyser les ressources propres des individus consiste à organiser des groupes d'entraide. Comme nous l'avons noté au chapitre précédent, les personnes souffrant de traumatismes importants (attentat, maladie grave, viol, etc.) ont souvent beaucoup de difficultés à parler de leur drame, par peur de ne pas être véritablement écoutées et comprises. C'est ce constat qui a conduit à la création de groupes de soutien par les victimes elles-mêmes. Réaliser qu'elles ne sont pas seules, se sentir vraiment comprises et découvrir qu'elles peuvent même aider d'autres personnes peut donner à ces victimes la reconnaissance qu'elles n'auraient pas eue sans une telle expérience. Cela peut également les inciter à se projeter à nouveau dans l'avenir.

Cependant, une telle expérience présente en même temps des risques. En effet, ressasser à plusieurs les problèmes des uns et des autres peut tout aussi bien conduire certains à un état dépressif plus important encore. Un cercle vicieux peut alors s'instaurer : les gens se sentent plus à l'aise pour parler de leurs problèmes, ce qui augmente leur tristesse, laquelle les incite à en parler encore plus, etc.

Dès lors, comment les victimes peuvent-elles s'aider mutuellement sans se nuire ? L'apport des professionnels apparaît ici crucial. Dan Coates et Tina Winston, deux psychologues de l'université du Wisconsin, ont rassemblé diverses études sur l'impact de ces groupes de soutien [12]. L'impression générale qui se dégage de cette enquête est que ces groupes sont bénéfiques lorsque ce sont les personnes elles-mêmes qui s'aident mutuellement. Mais en même temps, les professionnels sont particulièrement utiles pour réguler les manifestations au sein du groupe et faire évoluer celui-ci. Les auteurs soulignent ainsi que « les groupes de soutien avec des professionnels de la santé mentale comme facilitateurs favorisent une amélioration significative de la santé mentale des victimes, l'essentiel de cette amélioration étant dû à l'impact bénéfique des victimes les unes sur les autres ». Tandis que les groupes de soutien non conduits par des professionnels de la santé mentale paraissent peu efficaces pour lutter contre la dépression. Il semble donc que les professionnels assurent un rôle de « recadrage » de la discussion, permettant ainsi aux membres du groupe de ne pas tomber dans l'autoflagellation ou la complainte collective.

Parmi ces recherches, deux études ont montré que des patients cancéreux participant à un groupe de soutien organisé par des psychiatres ou des travailleurs sociaux arrivaient à vaincre leur dépression plus rapidement que d'autres malades ne bénéficiant pas de ce type d'intervention. L'une de ces études a également montré que l'estime de soi était plus élevée chez les patients participant au groupe de soutien.

Mais la meilleure procédure est peut-être celle qui a été mise en place avec un groupe de veuves [13]. Des femmes ayant récemment perdu leur mari ont discuté régulièrement

---

12. D. Coates et T. Winston, « Counteracting the deviance or depression : peer support groups for victims », *Journal of Social Issues*, 1983, vol. 39, n° 2, p. 169-194.

13. M.L.S. Vachon *et al.*, « A controlled study of self-help intervention for widows », *American Journal of Psychiatry*, novembre 1980, p. 1380-1384.

avec une femme qui avait vécu ce drame plusieurs années avant et qui s'était entre-temps bien adaptée à cette perte. Ces femmes se sont plus rapidement remises de leur situation que d'autres veuves qui ne bénéficiaient pas de ce programme d'aide. La veuve qui venait parler de son évolution personnelle se trouvait certainement dans une position idéale pour donner le sentiment aux personnes en deuil que leur souffrance était reconnue, mais également pour leur insuffler l'espoir. En effet, ses propos étaient généralement construits sur la structure suivante : « Au début, j'étais totalement démoralisée, mais après quelque temps, j'ai commencé à aller mieux. »

Compter avec la famille

Une autre forme d'action indirecte du professionnel de l'aide, particulièrement utile pour aider l'enfant en difficulté, consiste à soutenir le réseau informel qui l'entoure. Rappelons-nous que l'acceptation fondamentale et la reconnaissance de la personne se situent normalement au sein des réseaux de relations informelles : la famille d'abord, mais aussi les amis, les voisins, parfois même des rencontres fortuites.

Dans le chapitre précédent, nous avons noté l'importance de l'attitude des parents comme moyen de faire écran au traumatisme de la guerre chez l'enfant. Une autre étude, menée par la psychologue péruvienne Ana Gisela Silva Pañez, confirme ces données [14]. En enquêtant auprès des familles contraintes à l'exil dans la guerre civile au Pérou, elle a constaté que les enfants résilients appartenaient surtout aux familles qui cherchaient à tirer profit des nouvelles conditions de vie consécutives à leur migration forcée. Par exemple, elles utilisaient pleinement les possibilités de formation pour

---

14. A. G. Silva Pañez, *Psychische Widerstandsfähigkeit von Kindern, die politisch motivierter Gewalt ausgestzt waren, Zentralstelle der Studentenschaft*, thèse de doctorat, université de Zurich, 1997, p. 180-181.

leurs enfants. Par contre, les enfants moins résilients étaient issus de familles qui construisaient leur dynamique à partir de l'injustice subie. Ces familles se montraient très méfiantes à l'égard de personnes extérieures au noyau familial, ce qui limitait leurs contacts, et elles se sentaient toujours menacées, même dans leur nouveau lieu de séjour.

L'observation de Mme Silva Pañez est très intéressante parce qu'elle montre que la résilience ne dépend pas seulement de l'individu, mais des caractéristiques spécifiques de la famille, donc du groupe, qui ont évidemment des répercussions sur l'individu. On peut ici parler d'une interaction entre la résilience individuelle et la résilience collective, processus qui a également été repéré à plusieurs reprises par des praticiens travaillant avec des familles réfugiées. L'importance de la famille pour l'enfant a ainsi conduit à mettre en place divers programmes de réunification familiale, notamment dans des camps de réfugiés ou pour des enfants de la rue. Car dans ces deux situations, un enfant seul ne signifie pas forcément un enfant sans famille : la guerre peut séparer les enfants de leur famille, et rares sont les enfants de la rue qui n'ont plus aucun proche dans leur entourage. Les agences spécialisées, comme la Croix-Rouge ou d'autres organisations non gouvernementales, ont donc développé des techniques spécifiques pour la recherche des familles et les retrouvailles entre l'enfant et sa famille. Toutefois, une certaine prudence reste de mise, car le retour dans la famille peut s'avérer très délicat dans certains cas, tels que la maltraitance. S'il y a rupture entre un enfant de la rue et sa famille, c'est qu'il existait des raisons au départ. Une réunification familiale doit être bien négociée, préparée et accompagnée pour éviter que l'enfant ne se retrouve de nouveau rapidement dans la rue – une deuxième tentative de réunification serait beaucoup plus difficile que la première.

Il faut se garder de toute naïveté. Certes, la relation d'acceptation profonde est essentielle pour la constitution de la résilience. Certes, cette relation est plus naturelle au sein des réseaux de contacts informels, comme la famille et les amis. Mais n'oublions pas non plus que la majorité des abus sexuels sur les enfants se produisent précisément dans ce type de relations ! Il faut donc s'efforcer de trouver un juste équilibre. D'un côté, la volonté de nous appuyer sur ces réseaux informels ne doit pas nous aveugler sur la réalité de certains dangers. De l'autre, la conscience de ces risques ne doit pas nous fermer aux riches possibilités existant dans ces réseaux informels ; et si nous devons être lucides sur les perversions et les abus auxquels se prêtent les réseaux informels, nous devons être tout aussi lucides sur la valeur inestimable qu'ils ont pour la société.

Nous touchons ici du doigt la différence qu'il peut y avoir entre un bon principe et son application. Car s'il est largement reconnu que la famille – de préférence d'origine, mais aussi de substitution le cas échéant – est en principe le meilleur milieu pour l'épanouissement d'un enfant, il existe cependant des limites à l'application de ce principe. Je me souviens du témoignage d'une assistante sociale anglaise, qui avait connu un enfant au comportement très difficile. Or, ce garçon avait été placé dans dix-sept familles différentes au cours d'une seule année ! Le fait est que même les familles les plus accueillantes, les plus motivées, les plus expérimentées n'arrivaient pas à s'adapter à ce jeune. Cependant, qui pourrait nier que n'importe quel enfant risque fort de sortir perturbé de dix-sept placements en une année ? Plusieurs personnes ont suggéré qu'un placement en institution, avec un accompagnement intense, avant le placement dans une famille, aurait été de loin préférable pour cet enfant.

Les proches, d'excellents thérapeutes !

Mais revenons sur le rôle de la famille d'origine et des proches dans la construction de la résilience. Dans ses recherches à Kauai (Hawaii), que nous avons présentées dans l'introduction de cet ouvrage, Emmy Werner a constaté que les jeunes résilients avaient bien plus souvent été aidés par leurs proches que par des psychiatres ou des travailleurs sociaux. Des praticiens reconnaissent d'ailleurs ce fait dans leur pratique quotidienne. Je me souviens d'un pédopsychiatre flamand, très respecté dans sa région, qui demandait parfois à des jeunes qu'il avait eus en thérapie ce qui les avait vraiment aidés. Il m'expliquait : « Nous, les professionnels, nous ne sommes presque jamais mentionnés. C'est généralement un ami, un oncle, un copain... qui a joué un rôle central. » Ce qui ne rendait pas inutile son action, puisqu'il avait beaucoup de travail !

Une enquête a démontré statistiquement l'efficacité des non-professionnels [15]. Elle a rassemblé quarante-deux études comparant l'efficacité des professionnels et des « paraprofessionnels » auprès de personnes souffrant de divers problèmes tels qu'insomnie ou bégaiement, mais également de troubles psychiques modérés ou sévères ; le terme « paraprofessionnels » désigne ici des personnes n'ayant pas suivi de formation psychologique particulière (étudiants en médecine, infirmières, parents, bénévoles, etc.). Pour les auteurs de ce travail, les résultats ont été « constants et provocateurs ». Les paraprofessionnels aboutissent à des résultats cliniques équivalents ou supérieurs à ceux obtenus par les professionnels. Plus étonnant encore, la formation et l'expérience des professionnels ne semblent pas constituer des prérequis indispensables pour assurer une aide effective aux patients. Il n'y a malheureusement que peu d'informations sur les facteurs permettant d'expliquer cette efficacité spécifique des non-professionnels.

Résumons-nous. Nous avons vu que l'attitude idéalement requise du professionnel face à des personnes ayant beaucoup souffert est l'acceptation profonde, l'empathie, voire

---

15. J. A. Durlak, « Comparative effectiveness of paraprofessional and professional helpers », *Psychological Bulletin*, 1979, vol. 86, n° 1, p. 80-92.

l'amour. Mais cet objectif se heurte à deux obstacles liés l'un à l'autre, le premier quantitatif, le second qualitatif. D'une part, dans certaines circonstances comme les drames à grande échelle, la tâche à accomplir est d'une telle ampleur que l'action directe des professionnels ne pourrait suffire. Imagine-t-on, par exemple, une aide thérapeutique individualisée pour chaque survivant du génocide rwandais ? Par ailleurs, sur le plan qualitatif, il serait certainement excessif et irréaliste d'exiger d'un professionnel qu'il puisse être systématiquement en relation d'empathie avec toute personne qui se trouve en face de lui.

Ainsi, à côté du rôle traditionnel de soutien psychologique qui est le sien, une nouvelle fonction se dessine, qui fait plus appel à des talents d'animateur, de catalyseur. Il a dès lors tout intérêt à se poser la question : « Cette personne a-t-elle un membre de la famille, un ami ou un voisin qui l'accepte et à qui elle peut se confier [16] ? » Cette interrogation, particulièrement pertinente face à des enfants en difficulté, invite à renoncer à la tentation de la toute-puissance. Elle ouvre la voie à des interventions axées sur la mobilisation des ressources de l'enfant et de son entourage, et incite à développer une relation de complémentarité entre professionnels et bénévoles. C'est à une remarquable expérience de ce type que nous allons maintenant nous intéresser.

Quand les familles soutiennent les familles

Depuis plus de vingt-cinq ans, existe en Angleterre une remarquable expérience d'entraide familiale. Même si le terme « résilience » n'est pas employé, Home-Start est un programme très ingénieux de construction de la résilience des familles et donc des enfants, basé sur l'articulation entre bénévolat et professionnalisme. La première action de ce

16. Voir en annexe une série de questions utiles à se poser avant d'agir.

type a été lancée en 1973 par Margaret Harrison, qui était à l'époque responsable de l'organisation du bénévolat au service de l'enfance de la ville de Leicester [17]. En écoutant les parents, les bénévoles et les services sociaux, une idée simple lui est venue : les gens « ordinaires » – dans ce contexte, ce sont souvent les mères de famille – ont un capital d'expérience, de compétences, de gentillesse et d'humour dont on pourrait tirer grand profit. Avec un minimum de formation et de soutien, ces personnes peuvent tisser des liens d'amitié avec des parents confrontés à des problèmes. Elles peuvent sortir ces familles de leur solitude, leur donner confiance et leur permettre ainsi de retrouver un certain bonheur familial. Elles peuvent également les aider à rencontrer de nouveaux amis, à chercher de l'assistance professionnelle en cas de besoin, et à prévenir ainsi la destruction du noyau familial. Bref, il s'agit d'un soutien complémentaire aux services professionnels, et en lien direct avec ceux-ci. Une préoccupation constante des équipes de Home-Start est de renforcer, partout où cela est possible, un environnement stable, aimant et sécurisant pour élever les enfants.

Dans ce type de bénévolat, une famille, de fait souvent la mère, se lie d'amitié avec une autre famille avec des enfants en bas âge, qui rencontre diverses difficultés. La famille bénévole a reçu une petite formation, est soigneusement introduite auprès de l'autre foyer et est soutenue tout au long du processus. Aujourd'hui, les familles bénévoles sont d'ailleurs souvent recrutées parmi les familles ayant anciennement bénéficié de l'aide de Home-Start. Une famille bénévole peut éventuellement se lier à un deuxième foyer, mais le nombre reste toujours très limité. Il s'agit en quelque sorte d'« amitié organisée », avec au centre l'expérience partagée

17. Ces informations proviennent d'entretiens avec Mme Harrison et ses collègues, ainsi que de plusieurs publications : S. M. Shinman, *Family Album. Snapshots of Home-Start in Words and Pictures*, Leicester, Home-Start, Grande-Bretagne, 1994. N. Frost, L. Johnson, M. Stein et L. Wallis, *Negociated Friendship. Home-Start and the Delivery of Family-Support*, Leicester, Home-Start, Grande-Bretagne, 1996.

de la vie familiale. Ce lien amical et informel est très important. On évite ainsi les bureaux et les centres officiels qui constituent parfois sans le vouloir d'énormes obstacles pour certaines familles en difficulté. Tout se passe « chez soi », dans le salon, la cuisine... L'initiative de ce type d'aide peut venir de différentes personnes, infirmières assurant des visites à domicile, médecins, assistantes sociales, mais aussi parfois des familles en difficulté elles-mêmes qui demandent à être soutenues par d'autres familles.

La variété des problèmes auxquels sont confrontés les bénévoles est quasiment illimitée : solitude, dépression, chômage, démarches administratives, drogue, alcool, abus sexuels, logement, argent, problèmes relationnels, analphabétisme... Dans les cas graves, le bénévole peut servir de pont vers un service spécialisé. À cette diversité de problèmes répond bien entendu une grande diversité de formes de soutien : aider à accomplir des démarches, écouter, faire des courses, garder les enfants, nettoyer la cuisine, aider à équilibrer le budget de la famille, partager des expériences, etc. L'aide bénévole présente des caractéristiques difficiles à offrir dans un service professionnel, en particulier la flexibilité et le temps disponible, que ce soit pour une présence lors de crises ponctuelles (intensité) ou pour un soutien pendant des années dans le cas de certaines familles (durée).

Il ne s'agit donc pas de décharger des professionnels débordés, mais de profiter des possibilités complémentaires que peuvent offrir des bénévoles. Parfois, des parents dépassés par les événements ont besoin de la présence d'une personne pendant de longues heures d'affilée pour remettre la maison en ordre, ou pour les écouter pendant tout un après-midi. Il serait très difficile à une assistante sociale ou à un médecin de famille d'agir ainsi, puisque ces derniers sont censés être au service d'un grand nombre de familles. De plus, certaines familles ont besoin d'être soutenues pendant cinq ans ou plus. Cela peut s'organiser entre amis, mais s'avère nettement plus compliqué pour un service officiel.

Les responsables de l'expérience Home-Start ont toujours été soucieux de faire évaluer le travail accompli, notamment par des spécialistes extérieurs. Ils ont par exemple voulu savoir quels étaient les traits de personnalité des bénévoles qui apparaissaient les plus importants au regard de la personne ou de la famille aidée. Une enquête de ce type a ainsi montré que la gaieté et le sens de l'humour figuraient en tête de liste. Relevons, parmi les autres caractéristiques particulièrement appréciées, le fait d'être à l'écoute, de donner des explications, la possibilité de discuter profondément, de proposer de nouvelles idées.

Une autre enquête a également mis en évidence l'importance de pouvoir être écouté et de parler librement, sans crainte d'être jugé à propos de ce que l'on dit ou de ce que l'on ressent, tout en sachant que la confidentialité sera respectée.

Révélatrice est aussi la manière dont sont perçues les personnes considérées comme de mauvais bénévoles. On relève des propos tels que : elles n'écoutent pas, elles portent un titre et je les laisse parler, elles décident à ma place, elles ne me demandent pas mon avis, elles font ce qu'elles veulent, elles me font sentir que je suis incapable, etc.

Autre constat particulièrement intéressant : beaucoup de bénévoles témoignent que leur engagement avec Home-Start a été l'une des expériences les plus enrichissantes de leur vie.

En fait, le principal risque de ce type d'expérience serait de vouloir professionnaliser les bénévoles, en les formant de plus en plus, car cela détruirait progressivement la richesse de la complémentarité entre bénévoles et professionnels. Un autre piège se situe au niveau politique. Un tel programme de soutien est en effet relativement bon marché et donne souvent d'excellents résultats. Un très bon rapport qualité-prix en somme ! Mais l'argument est dangereux. Car si les économies dans le secteur social deviennent la première motivation des responsables politiques, il en résultera inévitablement que même le service le meilleur marché et le plus efficace sera tôt ou tard considéré comme trop onéreux. Ce genre d'idéologie politique a pour effet de miner la solidarité avec les plus démunis en réduisant la participation de la collectivité.

Ce qui n'était au départ qu'une initiative locale originale a connu un très grand succès. En 1993, il y avait déjà 133 programmes de ce type, faisant intervenir environ 4 000 bénévoles soutenant 9 000 familles et presque 21 000 enfants. Un programme peut comporter jusqu'à trente bénévoles et soixante-dix familles. Toutes ces expériences partagent les mêmes statuts et les mêmes principes de travail, mais chacune d'elles est financièrement indépendante. Ce type d'action a suscité un grand intérêt en dehors de l'Angleterre, notamment aux Pays-Bas, en Scandinavie, en Allemagne, au Canada, en Australie, en Israël, ainsi que dans l'ex-Europe de l'Est, à tel point qu'une coordination internationale a été créée, basée à Londres, avec une autre structure et d'autres fonds.

Home-Start n'est pas une panacée. Mais il s'agit de l'application concrète, avec plus de vingt-cinq ans d'expérience dans plusieurs pays, d'un principe d'action très important : l'articulation entre bénévoles et professionnels. Ce principe peut énormément faciliter la reconstruction d'un tissu social, mieux que ne pourraient le faire les services professionnels à eux seuls. Or, un tissu social dynamique est le cadre vital dans lequel la résilience familiale et collective peut se développer au mieux [18].

Ce type d'action a encore d'autres effets bénéfiques. Nous avons déjà parlé de l'importance de la non-intentionnalité dans la vie humaine et sociale. Ici, la collaboration entre bénévoles et professionnels permet une action ayant des objectifs précis qui la rendent acceptable pour les orga-

---

18. D'autres expériences proches de Home-Start existent également. Voir notamment E. Palacio-Quintin, L. S. Ethier, C. Jourdan-Ionescu, C. Lacharité, « L'intervention auprès des familles négligentes », dans J.-P. Pourtois (dir.), *Blessure d'enfant. La maltraitance : théorie, pratique et intervention*, De Boeck Université, p. 212. D. R. Lines, « The effectiveness of parent aides in the tertiary prevention of child abuse in South Australia », *Child Abuse and Neglect*, 1987, vol. 11, p. 507-512.

nismes institutionnels et de financement, et crée en même temps un cadre qui stimule une série de conséquences non intentionnelles et positives dont nous avons le plus grand besoin. Le premier volet est la partie organisée de Home-Start, ses statuts, les relations officielles avec les autorités, des principes d'action ; le second volet est le versant amical, relationnel de Home-Start.

Quand professionnels et bénévoles travaillent de concert

Au nom de la liberté et de la maîtrise, la société occidentale a développé une conception très particulière de l'autonomie, même si nous n'en sommes que rarement conscients. Celle-ci consiste à remplacer les relations personnelles et globales, sans spécialisation ni conditions particulières, par des relations impersonnelles, fonctionnelles et très conditionnelles. Cette dynamique présente certains avantages, mais se paie aussi individuellement au prix fort, en termes de solitude et de désintégration sociale.

Je me souviens des réflexions formulées il y a quelques années par un assistant social de Brooklyn à New York. Cet homme souriant, enthousiaste, mais plein de réalisme, avait une longue expérience de ce quartier, où il avait grandi. « Il y a trente ans, disait-il, le quartier était peut-être plus violent, mais il y avait aussi une société qui fonctionnait plus ou moins. Certes, les gens avaient leurs problèmes, dans les familles, à l'école, mais c'était gérable, on s'en sortait. Maintenant tout cela a été bouleversé et j'ai parfois l'impression qu'il faut mettre une assistante sociale derrière chaque élève dans certaines écoles de la ville. Les gens ne s'en sortent plus, il n'existe plus d'idéal perceptible, plus de repères qui puissent orienter les jeunes, et cela complique beaucoup notre travail ici. »

D'autres régions du monde sont touchées par des fléaux différents. Ainsi, dans certains pays d'Afrique, l'apparition massive et trop tardivement reconnue du sida a miné les structures sociales et engendré un nombre d'orphelins bien supérieur à ce que la société traditionnelle peut normalement assimiler sans orphelinats. D'autres facteurs contribuent à cette déstructuration du lien social, en particulier le marché de la drogue et la prostitution. Comment attirer des jeunes vers un travail régulier, si ce genre d'activités permet de gagner beaucoup plus d'argent ? Cela suppose un système de valeurs fortes, où l'argent n'est pas la priorité mais retrouve sa fonction d'origine, qui consiste à faciliter les échanges économiques.

Nous trouvons d'autres initiatives de ce type dans les écoles. L'exemple suivant vient d'une école du nord de l'Angleterre, qui a engagé une assistante sociale. Au lieu de s'occuper directement elle-même de tous les problèmes, petits et grands, que les élèves peuvent poser, cette femme décide de ne s'occuper individuellement que des cas graves, et de consacrer le reste de son temps à l'animation des relations d'entraide entre les élèves. Avec l'aide des élèves eux-mêmes, elle choisit soigneusement ceux d'entre eux qui semblent particulièrement aptes à bien écouter les autres, elle les forme et met à leur disposition un petit local à côté de son bureau, ce qui lui permet de rester toujours disponible comme soutien et comme personne de référence. Elle multiplie ainsi les possibilités d'écoute et d'action bien au-delà de ce qu'elle aurait été capable de réaliser toute seule. De plus, elle responsabilise les élèves, ce qui contribue à modifier favorablement le climat au sein de l'école et peut avoir des effets positifs à long terme dans la vie de ces élèves. Nous aurons l'occasion, dans le chapitre 5 consacré aux compétences, de découvrir d'autres exemples de participation d'enseignants à la résilience enfantine.

Il existe certainement un grand nombre d'initiatives, de toute sorte, qui aident, souvent de façon non intentionnelle, à reconstruire le tissu social informel, ce cadre essentiel au développement de la résilience. Un dernier exemple vient des États-Unis, mais l'esprit peut aisément être repris en Europe ou ailleurs, parce qu'il est proche de celui des jardins ouvriers, ces petits terrains où des gens d'origine diverse se retrouvent et où chacun cultive son petit lopin. L'initiative américaine va un peu plus loin. Un vétéran de la guerre du Vietnam a commencé à donner des petits jardins potagers à des personnes et à des familles très démunies, des vieillards, des handicapés. Tout y est, la bonne terre, des semences de fruits et de légumes, les instructions, et même un minimum de suivi [19]. Cet homme a fini par créer une fondation qui soutient son travail. L'idée initiale était d'aider les personnes à s'aider elles-mêmes, démarche en parfaite cohérence avec la résilience. Les premiers effets de tels jardins pour les démunis sont évidemment d'ordre économique et nutritionnel : les bénéficiaires obtiennent une nourriture fraîche et de bonne qualité pour un faible coût. Mais d'autres conséquences suivent. Ainsi, le succès obtenu avec leur jardin potager conduit les gens à acquérir plus de confiance en eux-mêmes et leur donne souvent envie de s'engager dans d'autres projets. Selon le témoignage du fondateur, Dan Barker, le « cadeau de jardin » est la première bonne chose qui survient en vingt ans dans la vie de certains bénéficiaires. Ces jardins aident aussi à revitaliser les relations sociales : les voisins s'entraident, le surplus de récolte d'une famille est offert à une autre famille, etc. Selon Dan Barker, ce type d'initiatives constitue la méthode la moins chère de médecine communautaire préventive. À vérifier ! Son idée se répand très vite aux États-Unis : il a démarré à Portland, dans l'Oregon, mais a inspiré des projets semblables à Brooklyn, Chicago, Detroit, Albuquerque, et dans d'autres villes.

Comme on peut le constater à travers ces divers exemples, la résilience n'est pas un tour de force isolé, au contraire elle

---

19. D. Schwartz, « A gift of a garden », *Smithsonian*, septembre 1997.

est accessible à tout un chacun. On peut la comparer à une plante qui doit non seulement se développer selon ses propres caractéristiques, mais également être nourrie dans le tissu social « ordinaire ». En fin de compte, la culture de la résilience ne dépend peut-être pas en premier lieu de grands programmes ciblés, mais de multiples actions individuelles et communautaires qui ne sont pas conçues au départ en référence à la résilience. L'articulation entre bénévoles et professionnels est une piste prometteuse à explorer par ceux qui désirent favoriser la résilience de façon plus organisée et plus ciblée, tout en stimulant ces petites activités.

3

Découvrir un sens à sa vie

Victor pense à sa femme. Bien qu'il ne l'ait pas revue depuis de longs mois, il l'imagine en ce moment avec une précision incroyable, comme si elle était devant lui et qu'elle lui souriait tendrement. Et à l'instant, le monde autour de lui s'arrête, plus rien d'autre ne compte que cette vision lumineuse. Victor réalise alors pleinement que l'amour est le plus grand bien auquel l'être humain puisse aspirer. « Je comprenais enfin le sens de ce grand secret de la poésie et de la pensée humaine : l'être humain trouve son salut à travers et dans l'amour. » Oui, durant ces délicieuses minutes, plus rien d'autre ne compte. Ni les gardiens aux aboiements rageurs, ni ses compagnons de misère décharnés, ni même sa propre souffrance dans la nuit glacée de Dachau.

Mais Victor Frankl ne reverra jamais sa femme. Lui-même a survécu à quatre camps de concentration ; en 1945, libéré par les Américains, il revient chez lui pour apprendre que sa femme, ses parents et son frère sont tous morts en déportation. Et c'est dans cette situation d'absolue détresse qu'il écrit en neuf jours *Découvrir un sens à sa vie* [1], ouvrage

1. V. Frankl, *Découvrir un sens à sa vie*, Montréal, Éditions de l'Homme / Actualisation, 1988.

qui allait devenir un best-seller international (il a été traduit en plus de vingt langues et publié à des millions d'exemplaires). Son intention est alors précisément de montrer à ses lecteurs que, même dans les situations les plus extrêmes, l'être humain peut encore donner un sens à son existence.

Dans les camps, celui qui ne trouvait plus de sens à sa vie avait peu de chances de survivre. Et V. Frankl s'est notamment retrouvé à deux reprises face à des prisonniers qui, n'attendant plus rien de la vie, avaient décidé de se suicider. Or, écrit-il, « l'important n'était pas ce que nous attendions de la vie, mais ce que la vie attendait de nous ». Il découvre que pour l'un de ces hommes, cette « attente » s'incarne en son enfant qu'il adore et qui l'attend dans un pays étranger. Pour le second, un savant, il s'agit d'une série de livres qu'il doit finir d'écrire. Cela les incite à s'accrocher à cet espoir. « Un homme, affirme-t-il, qui réalise l'ampleur de la responsabilité qu'il a envers un être humain qui l'attend, ou vis-à-vis d'un travail qui lui reste à accomplir, ne gâchera pas sa vie. Il connaît le “pourquoi” de cette vie, et pourra supporter tous les “comment” auxquels il sera soumis. »

Cas exceptionnel de résilience, Victor Frankl a ensuite consacré toute son énergie, en tant que psychiatre, à diffuser ce message [2]. Selon lui, une proportion non négligeable des névroses sont d'origine « noogène », c'est-à-dire viennent de ce que l'individu n'a pas trouvé de sens à son existence. Parfois, c'est la souffrance qui constitue paradoxalement le moyen de découvrir un sens à la vie. Cela ne signifie aucunement, pour V. Frankl, qu'il faut souffrir pour donner un sens à sa vie, mais qu'« on peut trouver une raison de vivre en dépit de – ou plutôt à travers – la souffrance, si celle-ci est inévitable ».

Il donne une illustration émouvante de sa conviction que la souffrance cesse de faire mal à partir du moment où elle

2. Voir aussi V. Frankl, *La psychothérapie et son image de l'homme*, Paris, Le Centurion / Resma, 1970.

prend une signification. Un médecin d'un certain âge, inconsolable depuis le décès de sa femme survenu deux ans auparavant, vient le consulter pour dépression. V. Frankl lui pose alors cette question : « Que se serait-il passé si vous étiez mort le premier et que votre femme ait eu à surmonter le chagrin provoqué par votre décès ?

– Oh ! pour elle, ç'aurait été affreux ; comme elle aurait souffert !

– Eh bien, docteur, cette souffrance lui a été épargnée, et ce, grâce à vous. Certes, vous en payez le prix, puisque c'est vous qui la pleurez. »

Et V. Frankl poursuit la description de la scène par ces mots : « Il ne dit rien, mais me serra la main et quitta mon bureau calmement[3]. »

Cette complexité de la réalité humaine nécessite beaucoup de discernement et d'ouverture d'esprit chez la personne qui pratique la relation d'aide et montre que l'on ne peut réduire la recherche de sens à une technique d'intervention.

L'expérience de Victor Frankl ne peut laisser indifférent. Donner un sens à sa vie constitue un élément essentiel permettant de surmonter les difficultés de la vie, comme le démontrent de nombreux témoignages individuels. Rares sont probablement les personnes qui le nient, et certainement plus rares encore celles qui, le niant, sont en même temps heureuses et épanouies. Plusieurs études indiquent d'ailleurs que l'absence de sens dans l'existence est corrélée à des troubles psychologiques[4].

Le concept de « sens » va au-delà de la pure réflexion intellectuelle, il renvoie l'individu à une réalité qui le dépasse et l'incite à s'ouvrir aux aspects positifs de l'existence. Le besoin de sens pour construire la résilience apparaît à

3. V. Frankl, *Découvrir un sens à sa vie, op. cit.*, p. 121.

4. S. Zika et K. Chamberlain, « On the relation between meaning in life and psychological well-being », *British Journal of Psychology*, 1992, vol. 83, p. 133-145.

diverses reprises dans la littérature scientifique. Par exemple, Michel Manciaux parle de capacité de se projeter dans l'avenir [5]; Ann et Alan Clarke, de capacité de planifier et de se fixer des objectifs [6]; Bonnie Benard mentionne le sentiment de pouvoir maîtriser son existence personnelle, la capacité de planifier de façon créative, l'empathie, le fait de donner une orientation à sa vie [7]. Pour sa part, Emmy Werner signale comment les centres d'intérêt et la prise de responsabilités adaptées selon l'âge aident les enfants et les jeunes à construire la résilience. Elle précise d'ailleurs que ce processus est indirect: ces éléments stimulent l'estime de soi et le sentiment d'avoir une certaine efficacité et maîtrise dans la vie, ce qui favorise ensuite la résilience [8].

Donner un sens à sa souffrance

Comme le souligne avec justesse Boris Cyrulnik, « presque tous les enfants résilients ont eu à répondre à deux questions: "Pourquoi dois-je tant souffrir ?", "Comment vais-je faire pour être heureux quand même ?" [9] ». La première les a poussés à intellectualiser, la seconde les a incités à rêver.

C'est ainsi que l'expérience de la maltraitance ou de l'abandon heurte de plein fouet le besoin inné d'attachement de l'enfant. Chez l'adulte, la survenue d'un événement dramatique comme la mort d'une personne aimée, une attaque criminelle, une maladie ou un accident grave bouleverse souvent le sentiment que nous partageons tous peu ou prou de vivre dans un monde compréhensible et ordonné. L'individu

---

5. Communication personnelle.

6. A. et A. Clarke, « How modifiable is the life path ? », *International Review of Research in Mental Retardation*, 1992, vol. 18, p. 137-157.

7. B. Benard, « Protective factor research : what we can learn from resilient children », *Prevention Forum,* vol. 7, n° 3, mars 1987.

8. E. E. Werner et R. S. Smith, *Overcoming the odds,* Ithaca et Londres, Cornell University Press, 1992.

9. B. Cyrulnik, *Un merveilleux malheur*, Paris, Odile Jacob, 1999, p. 18.

éprouve alors fortement le besoin de ne pas être complètement perdu dans un chaos inexplicable ou, plus positivement, d'avoir l'impression de contrôler ce qui lui arrive. Ainsi, au cours d'une enquête menée auprès de vingt-huit personnes paralysées à la suite d'un accident, des chercheurs ont constaté que toutes s'étaient posé la question « Pourquoi moi ? » et que toutes sauf une avaient élaboré des hypothèses explicatives à ce sujet [10]. Il semble que la capacité de placer l'accident dans une perspective large, philosophique, ait influencé l'aptitude de ces personnes à faire face efficacement à la situation dramatique qu'elles vivaient.

Cette quête de sens aboutit parfois à des conclusions heureuses. Une femme qui avait vécu une histoire sentimentale tragique, digne d'un grand roman, m'a un jour remercié après un exposé sur la résilience : « J'ai compris que beaucoup de choses que j'avais vécues avaient un sens, qu'il ne s'agissait pas d'un simple gâchis. » Certes, cela ne justifie en rien les souffrances d'une vie. Mais quand elles arrivent, nous ne devons pas fatalement plonger dans le désespoir.

C'est ce qui est arrivé à un délinquant de dix-neuf ans dont nous parle la psychothérapeute Anne Ancelin Schützenberger dans l'un de ses livres [11]. Ce jeune homme a été abandonné à la naissance puis est passé par une série d'ophelinats, ce qui l'a conduit à nourrir de la rancune envers ses parents inconnus. Il retrouve un jour sa mère, et son psychothérapeute l'incite à demander à celle-ci quelles ont été les circonstances de l'abandon. Il apprend ainsi que sa mère était alors très jeune et que son père n'était qu'une rencontre de passage. Elle a dû travailler et confier l'enfant à un hôpital parce qu'il souffrait de graves problèmes de santé. Cette histoire se passant aux États-Unis, le seul moyen pour elle de faire soigner son

---

10. R. J. Bulman et C. B. Wortman, « Attributions of blame and coping in the "real world" : severe accident victims react to their lot », *Journal of Personality and Social Psychology*, mai 1977, vol. 35, p. 351-363.

11. A. Ancelin Schützenberger, *Aïe, mes aïeux !*, Épi / La Méridienne, 1993, p. 51-52.

enfant était de l'abandonner. Apprenant ces faits, le jeune homme comprend qu'elle a agi de manière à le sauver et que ce n'était donc pas un abandon *contre* lui, mais *pour* lui. Du coup, il ne lui en veut plus et son comportement social change radicalement : il cesse d'être agressif et revendicatif.

Certains traumatismes font de la quête de sens un enjeu existentiel. C'est ce qui ressort de l'étude réalisée par trois psychologues de l'université de Waterloo, dans l'Ontario (Canada), auprès de femmes adultes qui avaient été victimes d'un père incestueux [12]. Pour la plupart de ces femmes, ce drame avait commencé dès l'enfance et avait pris fin à l'adolescence.

Une grande majorité d'entre elles (près de 80 %) estimaient que faire sens de l'inceste était toujours important pour elles, même lorsque l'événement était ancien. Elles se posaient des questions comme : « Pourquoi est-ce arrivé ? », « Pourquoi mon père a-t-il agi ainsi ? », « Pourquoi ma mère n'a-t-elle pas réagi plus fortement ? », « Pourquoi n'ai-je pas refusé ? ».

Les personnes qui n'avaient pas réussi à trouver de réponses à leurs questions vivaient généralement une situation très douloureuse car ces pensées obsédantes perturbaient fortement leur vie quotidienne. L'une de ces femmes a notamment déclaré : « Je me demande toujours pourquoi, encore et encore, mais il n'y a pas de réponse. Je ne peux pas trouver de sens à cela, tout comme je ne pourrais en trouver à une tornade. Ces événements arrivent, ils dévastent tout, puis ils repartent. Est-ce qu'ils servent un projet utile ? Non. Il n'y a aucun sens à en tirer. Cela ne devrait pas m'être arrivé, ni à aucun enfant [13]. »

---

12. R. L. Silver, C. Boon et M. H. Stones, « Searching for meaning in misfortune : making sens of incest », *Journal of Social Issues*, 1983, vol. 39, n° 2, p. 81-102.

13. *Ibid.*, p. 89.

Comparativement à ces personnes, les femmes qui arrivaient à faire sens de leur expérience étaient moins stressées, éprouvaient un degré plus élevé d'estime de soi et étaient mieux insérées dans la société. Le fait d'avoir pu se confier semble avoir joué un rôle essentiel dans ce processus. Ces femmes avaient souvent tiré un sens de leur expérience en tentant de rendre l'inceste, si ce n'est excusable, du moins compréhensible. Pour cela, elles avaient analysé le caractère et les motivations de leur père, et pris en compte la situation au foyer à cette époque-là – par exemple la mort de leur mère ou la cessation des relations sexuelles entre les parents. Un tiers d'entre elles estimaient que leur père devait avoir souffert d'une maladie mentale ou d'un grave trouble de la personnalité.

Une proportion non négligeable (plus de 20 %) ont dit avoir discerné certains résultats positifs dans cette douloureuse expérience. C'est le cas de l'une d'elles, qui déclarait : « J'ai appris avec les années que rien d'autre d'aussi grave ne pouvait à nouveau m'arriver. Maintenant, je sais qu'il n'y a rien que je ne puisse vaincre [14]. »

En résumé, la principale leçon de cette enquête est que, lorsque la recherche de sens aboutit favorablement, elle constitue un processus adaptatif, permettant à la personne une plus grande maîtrise de son existence. En revanche, lorsque cette quête se poursuit indéfiniment sans conduire à une réponse, elle ne fait qu'augmenter la douleur. Dans de telles circonstances, la position adoptée par l'une des femmes reste une porte de sortie appréciable : « Mon principal atout à travers toute cette expérience a été d'éliminer de mon esprit tout ce dont je ne voulais pas me souvenir. Si je n'en parlais pas, ou même n'y pensais pas, je pouvais survivre [15]. »

---

14. *Ibid.*, p. 90.
15. *Ibid.*, p. 97.

Comprendre le passé pour ne pas le reproduire

S'interroger sur les actes subis est particulièrement important pour les enfants maltraités. On a en effet constaté qu'une différence essentielle distingue généralement ceux qui reproduisent la maltraitance qu'ils ont subie et ceux qui brisent le cercle vicieux [16]. Les premiers ont tendance à idéaliser leurs parents et à minimiser, voire à nier la violence dont ils ont été victimes, en tenant des propos tels que : « C'est vrai, mon père me tapait, mais c'est normal, c'est parce que j'étais méchant. » À l'inverse, ceux qui ressentent ce comportement comme une injustice grave, comme quelque chose d'anormal, prennent généralement la ferme décision de ne pas l'imiter et y parviennent souvent. Dans son ouvrage au titre significatif : *Des hommes qui aiment*, Susan Edwards, psychologue clinicienne, rapporte plusieurs exemples d'hommes privés d'amour dans leur enfance et qui ont dû apprendre à aimer. Elle cite notamment les propos de Shawn, trente-cinq ans : « Comment pourrais-je faire un bon père, me disais-je, si je n'en ai jamais eu moi-même ? J'ai observé comment mon beau-père et mes trois beaux-frères se comportaient avec leurs enfants, et j'ai beaucoup appris. On choisit d'être un bon père. J'aime tendrement mes enfants, car je me souviens de ma propre jeunesse. Maintenant, je sais que l'ombre d'un père sans amour ne détermine pas ma vie. Tout ce que j'avais à faire était de renoncer au passé pour contruire l'avenir [17]. »

On observe d'ailleurs parfois ce que l'on pourrait qualifier d'« influence inversée » : certaines personnes, très conscientes

---

16. J. Belsky, « Etiology of child maltreatment : a developmental-ecological analysis », *Psychological Bulletin*, novembre 1993, vol. 114, n° 3, p. 413-434. B. Egeland, D. Jacobvitz et A. Sroufe, « Breaking the cycle of abuse », *Child Development*, 1988, vol. 59, p. 1080-1088. J. E. Oliver, « Successive generations of child maltreatment : social and medical disorders in the parents », *British Journal of Psychiatry*, 1985, vol. 147, p. 484-490. M. Main et R. Goldwyn, « Predicting rejection of her infant from mother's representation of her own experience : implications for the abused-abusing intergenerational cycle », *Child Abuse and Neglect*, 1984, vol. 8, p. 203-217.

17. S. Edwards, *Des hommes qui aiment*, Paris, Bayard Éditions, 1996, p. 167.

du mal produit par leurs parents, décident de s'engager dans une direction exactement inverse. Ce processus va à l'encontre du sens commun qui prétend qu'on reproduit nécessairement le comportement de ses parents. Dans ces cas s'applique pleinement la phrase de Jean-Paul Sartre : « L'important n'est pas ce qu'on fait de nous, mais ce que nous faisons nous-mêmes de ce qu'on a fait de nous [18]. »

Voyons par exemple le cas de Ricardo Eichmann, fils du tristement célèbre Adolf Eichmann, l'organisateur de la solution finale contre les juifs. Cet homme, aujourd'hui professeur d'archéologie à l'université de Tübingen, a mis plus de trente ans avant de pouvoir parler de son vécu personnel [19]. Il dit avoir gravé dans sa tête, depuis le lycée, ce principe fondamental de Kant : « Agis de telle sorte que tu traites l'humanité, aussi bien dans ta personne que dans la personne d'autrui, toujours comme une fin, et jamais comme un simple moyen. »

De manière similaire, certaines personnes sont d'autant plus à l'écoute de leurs enfants qu'elles ont elles-mêmes souffert d'un manque d'amour. Selon le pédopsychiatre Antoine Guédeney, « le test le plus important à long terme de la résilience vis-à-vis de ce qu'on a pu vivre étant enfant est de devenir parent. Or la majorité des enfants maltraités deviennent des parents acceptables, malgré l'augmentation du risque, et non l'inverse [20]. »

C'est précisément une expérience d'influence inversée qu'a vécue Jacques, quarante-quatre ans. « La seule explication que je trouve aujourd'hui au comportement de mon père, dit-il, c'est de penser qu'il devait être un peu fou. Un jour par exemple, alors que j'avais environ six ans, nous

18. J.-P. Sartre, *Saint Genet, comédien et martyr*, Paris, Gallimard.

19. L. Millot, « Trente ans pour se résoudre à en parler », *Libération*, 20 juin 1995.

20. A. Guédeney, « Les déterminants précoces de la résilience », in B. Cyrulnik (dir.), *Ces enfants qui tiennent le coup*, Revigny-sur-Ornain, Hommes et perspectives, 1998, p. 14.

étions en vacances en famille au bord de la mer et mon père me dit : “Viens, je vais t’apprendre à nager.” Il m’a serré bien fort dans les bras et m’a plongé dans l’eau pendant un temps que j’ai trouvé interminable. Moi, je me débattais comme un fou, mais évidemment, ça ne servait à rien. Au bout d’un moment, il m’a sorti de l’eau et j’ai vu qu’il riait aux éclats de me voir dans cet état. J’avais à peine repris ma respiration qu’il a recommencé et comme ça, quatre ou cinq fois de suite. »

Il y a eu pire. Benjamin d’une famille de trois enfants, Jacques apprend un jour de sa mère que celle-ci a parfois reçu de son mari des coups de pied dans le ventre quand elle était enceinte. Bilan : deux fausses-couches et une fille aînée handicapée mentale. Cet homme faisait surtout subir des persécutions psychologiques à ses proches. Un exemple parmi d’autres : « Quand j’avais une douzaine d’années, raconte Jacques, ma mère faisait presque chaque nuit des cauchemars horribles, mettant d’ailleurs souvent en scène mon père. Comme cela me réveillait, je me précipitais dans la chambre pour la réveiller : “Maman ! Maman ! Réveille-toi, ce n’est rien, ce n’est qu’un cauchemar.” Alors, elle me remerciait de l’avoir réveillée, puis m’embrassait. Mais lui, très bien réveillé, profitait alors souvent de la situation pour ricaner cyniquement. »

Le plus dur pour l’enfant est survenu à l’adolescence. Sa mère était morte depuis quelques semaines, « de désespoir autant que de maladie, précise-t-il. Je l’avais souvent entendue dire à mon père : “Si tes yeux étaient des pistolets, il y a longtemps que je serais morte !” Or, ce regard de haine, je l’ai violemment ressenti le jour où une bagarre a éclaté entre lui et moi après que je lui ai franchement dit ce que je pensais de lui. Là, j’ai vraiment eu le sentiment qu’il voulait me tuer. » En effet, la fureur du père décuple sa force, il projette Jacques contre une lourde table et il s’en faut de peu qu’il ne lui brise la colonne vertébrale. C’est ce jour-là que cet adolescent prend une décision formelle qui germait en lui depuis un certain temps : « Si je me marie un jour et que j'aie des enfants, je vivrai exactement le contraire de ce que mon père a vécu avec nous. »

Certes, il a aujourd'hui le sentiment de n'avoir rempli que la moitié de son objectif, puisqu'il a divorcé, mais tous ses proches témoignent de la grande affection qu'il éprouve envers ses deux filles. Tout a commencé dès le jour de la naissance d'Audrey, son aînée. Après avoir procédé aux divers soins d'usage, la sage-femme lui tend le bébé. « Je l'ai prise dans les bras, et à l'instant même, ma vie en a été totalement bouleversée. Il y avait jusqu'alors la crainte de ne pas vraiment aimer cet enfant, de reproduire ce que j'avais vécu. Mais en voyant ce petit être si fragile, si démuni, si dépendant, j'ai ressenti une immense vague de tendresse m'envahir qui a balayé toutes mes angoisses. C'est une sensation extraordinaire, difficile à décrire. »

Au final, Jacques a tiré une remarquable leçon de son expérience douloureuse. « Paradoxalement, affirme-t-il, mon père m'a appris à aimer les enfants et les jeunes, et plus largement encore à être particulièrement sensible à la détresse humaine. J'ai tellement vécu dans mes tripes le sentiment de ne pas être reconnu par mon père que je suis moi-même très à l'écoute de mes filles. Et quand il y a une tension entre nous, apparaît en moi une sorte d'inhibition anti-violence, parce que s'impose alors très fortement le sentiment qu'on n'a pas le droit de blesser un enfant, même par la parole. Je ne me suis vraiment énervé qu'une seule fois avec elles. En fait, mes filles ont été pour moi à l'origine d'une véritable résurrection ; être père a donné un sens profond à mon existence. Autrefois, je *croyais* que nous ne sommes pas nécessairement destinés à reproduire le passé. Aujourd'hui, je le *sais*, par expérience. »

Le pardon, une porte ouverte sur l'avenir

Notons au passage que Jacques considère que divers éléments essentiels lui ont permis de parvenir à un équilibre personnel à l'âge adulte, en particulier la découverte de l'amitié et le fait d'avoir pardonné à son père. « Je fais, dit-il, une nette distinction entre les actes et la personne. Certains des actes de mon père ont été inhumains, mais lui reste un être humain, et je peux essayer de le comprendre, malgré tout. » Il existe de nombreux témoignages d'individus résilients qui ont vécu une expérience similaire. D'ailleurs, plusieurs études ont montré que nombre de parents qui ne reproduisent pas la violence subie dans leur enfance ont pardonné à leurs parents, sans les idéaliser pour autant[21].

Le pardon a cependant parfois mauvaise réputation, essentiellement en raison d'une compréhension fausse de ce qu'il représente. Tout d'abord, on assimile souvent le pardon à de la faiblesse, voire à l'acceptation résignée du mal commis, ce qui laisse l'autre libre de commettre d'autres méfaits. De plus, certaines personnes souhaiteraient pardonner à leur agresseur, mais disent qu'elles n'y parviennent pas. Cela procède d'une confusion entre deux composantes successives du pardon. Il y a en effet tout d'abord le pardon « intellectuel », qui constitue le véritable acte de pardon. C'est une décision guidée par la volonté et éclairée par la réflexion, qui exprime la volonté de briser le cycle de la violence. Puis il y a le pardon émotionnel, c'est-à-dire la disparition des sentiments d'amertume, qui, lui, ne dépend pas de la volonté de la personne et peut prendre beaucoup plus de temps. Une personne peut donc très bien avoir pardonné alors même qu'il lui faudra encore beaucoup de temps avant que ces sentiments ne soient apaisés.

---

21. M. Main et R. Goldwyn, « Predicting rejection of her infant from mother's representation of her own experience : implications for the abused-abusing intergenerational cycle », *op. cit.*, p. 215. B. Egeland, D. Jacobvitz et A. Sroufe, « Breaking the cycle of abuse », *op. cit.*, p. 1087.

Mais l'erreur la plus significative – et la plus fréquente ? – est probablement de croire que pardonner signifie oublier, effacer ce qui s'est produit, repartir de zéro comme si rien n'avait eu lieu. Or, l'oubli de certains traumatismes est impossible ; ou alors, lorsqu'il se produit, c'est sous l'effet d'un déni qui, s'il dure trop longtemps, peut se révéler plus pathogène que la confrontation à la réalité. De plus, nous venons de voir qu'avoir une pleine conscience de la violence subie dans l'enfance aide à ne pas la reproduire. Une leçon essentielle que nous enseigne l'expérience des personnes résilientes est précisément qu'on ne revient jamais en arrière. Le méfait laisse dans l'histoire personnelle une trace indélébile, mais c'est à partir de cette trace qu'il faut tenter de reconstruire du nouveau. Ainsi, de même que la résilience, « le pardon est plus un acte qui invente un avenir qu'un acte qui efface le passé [22] ».

Le pardon exprime la volonté de garder une porte ouverte sur la vie, sur ma propre vie, mais aussi sur celle de la personne qui m'a blessé. Je reconnais donc bien le mal, mais en même temps je ne veux pas réduire cette personne au mal qu'elle m'a fait, ni l'enfermer pour toujours dans sa faute. Il ne s'agit donc pas de nier ni de justifier le mal. En redonnant ses droits à la vie, le pardon n'est pas seulement libérateur pour la personne pardonnée, mais peut-être plus encore pour celle qui pardonne. Inversement, entretenir un sentiment de rancune, voire de vengeance, est néfaste pour l'individu. Comme le dit un proverbe chinois : « Celui qui poursuit la vengeance devrait creuser deux tombes. »

C'est la leçon qu'a apprise Jean-Paul Kauffmann, otage au Liban, qui a pardonné à ses geôliers, à la grande surprise de ses proches : « Honnêtement, je n'ai eu aucun mal à pardonner à mes ravisseurs, l'esprit de vengeance m'est très vite apparu comme une seconde souffrance, il empoisonne l'existence [23]. »

---

22. A. Houziaux, « Le pardon peut-il guérir ? », *Réforme*, 3 décembre 1994.
23. G. de Sairigné, *Tous les dragons de notre vie. Chroniques du bord du gouffre*, Paris, Fayard, 1993, p. 246.

Des psychothérapeutes ont d'ailleurs constaté que des personnes qui pardonnaient voyaient diminuer sensiblement en eux la colère, la dépression et l'anxiété. Les réflexions de Donald Hope sont intéressantes à cet égard [24]. C'est à partir de sa pratique professionnelle qu'il en est venu à rencontrer le pardon. Il se posait en effet une série de questions, notamment : « Comment l'individu peut-il accepter l'inacceptable ? » ; ou encore : « Si le but du processus thérapeutique est d'aider les gens à résoudre les aspects douloureux de leur passé et à mieux vivre dans le présent, comment cela peut-il être le mieux réalisé ? » C'est alors que l'expérience d'un patient l'a beaucoup troublé.

Tom avait grandi dans une famille nombreuse aux faibles revenus. Son père alcoolique lui avait fait subir de nombreuses humiliations, ce qui avait entraîné chez lui divers troubles psychologiques, en particulier une faible estime de soi, de l'hypersensibilité et beaucoup de colère réprimée. Il avait aussi énormément de mal à s'adapter à un emploi stable. Mais un jour, Donald Hope, son thérapeute, le voit arriver en bien meilleure forme. Il apprend ainsi que Tom faisait partie depuis peu d'une communauté chrétienne et qu'il avait décidé, sur le conseil de son pasteur, de pardonner à son père. Tom avait d'ailleurs récemment rencontré celui-ci et lui avait dit qu'en dépit du passé, il l'aimait et lui pardonnait ses erreurs. Et, à sa grande surprise, son père s'était mis à pleurer et avait serré son fils dans ses bras. En peu de temps, souligne D. Hope, un profond changement s'est produit dans de nombreux aspects de la vie de Tom. Il est devenu plus responsable, s'est engagé dans un travail stable et a manifesté plus d'affection envers ses enfants. Quelques mois plus tard, il abandonnait la thérapie.

D. Hope estime d'ailleurs que les thérapeutes talentueux invitent implicitement leurs patients à pardonner lorsqu'ils

---

24. D. Hope, « The healing paradox of forgiveness », *Psychotherapy*, 1987, vol. 24, n° 2, p. 240-244.

leur suggèrent d'accepter les blessures du passé. De plus, par l'attitude d'acceptation et de valorisation qu'ils manifestent eux-mêmes envers leurs clients, en dépit des défauts évidents de ces derniers, ils constituent involontairement un modèle d'acceptation et de pardon. Ainsi, selon cet auteur, « le processus du pardon est une partie clé du processus de guérison psychologique, mais est rarement reconnu comme tel[25] ».

Un autre psychologue, Robert D. Enright, est allé plus loin encore, en utilisant explicitement le pardon comme outil thérapeutique, à travers une série d'étapes. Grâce à l'aide d'une jeune thérapeute, Suzanne R. Freedman, il a pu obtenir des résultats impressionnants avec des femmmes victimes d'inceste[26]. Les participantes à ce programme étaient douze femmes âgées de vingt-quatre à cinquante-quatre ans qui avaient répondu à une annonce proposant une aide thérapeutique à des femmes ayant été sexuellement abusées dans leur enfance. Dans un premier temps, le mot pardon n'était pas utilisé, pour éviter que viennent seulement des personnes déjà favorables à l'idée de pardonner, ce qui aurait faussé les résultats.

Six de ces femmes, choisies au hasard, ont fait partie du groupe « expérimental », six autres d'un groupe de contrôle. Les participantes du groupe expérimental bénéficiaient de sessions individuelles hebdomadaires d'une heure expliquant le processus du pardon, tandis que les membres du groupe de contrôle avaient un contact une fois par mois avec le chercheur, soit en face à face, soit par téléphone. Bien que la procédure ait été assez formalisée, la thérapeute a laissé chaque femme du groupe « pardon » progresser à son rythme. Le pardon ne peut en aucune manière constituer une technique que l'on plaque sur quelqu'un et la personne qui souhaiterait

---

25. *Ibid.*, p. 240.

26. S. R. Freedman et R. D. Enright, « Forgiveness as an intervention goal with incest survivors », *Journal of Consulting and Clinical Psychology*, octobre 1996, vol. 64, n° 5, p. 983-992.

en faire un outil thérapeutique doit nécessairement manifester un profond respect de l'autre.

Au final, le processus a duré en moyenne quatorze mois pour chacune d'elles. Au terme de l'expérience, une amélioration sensible a été notée sur plusieurs points. D'une part, alors qu'avant l'intervention les personnes avaient fait état d'une dépression modérée, elles ne se sentaient maintenant que peu ou pas du tout déprimées. Par ailleurs, on sait que les femmes ayant subi un inceste ont généralement une faible estime de soi, comparativement à celles de la population générale. C'était bien le cas des douze femmes de cette étude, ce qu'elles considéraient comme une conséquence de l'inceste. Or, le niveau d'estime de soi des six femmes ayant pardonné est devenu supérieur à ce qu'il est chez des femmes de la population générale, avec des conséquences pratiques non négligeables. Une femme ressentait désormais suffisamment de confiance en elle pour entreprendre des études, puis démarrer sa propre entreprise. Une autre a réalisé qu'elle méritait mieux que ce qu'elle vivait avec son compagnon et a mis fin à la relation, ce qu'elle n'avait encore jamais osé faire auparavant. Il y a eu également chez ces six femmes une diminution significative de l'anxiété et une augmentation de l'espoir, en ce sens qu'elles jugeaient pouvoir maintenant mener une vie qui ne soit plus constamment perturbée par la haine et l'amertume.

Très intéressante aussi est la situation des femmes du groupe de contrôle. Dans un premier temps, d'une durée équivalant au temps nécessaire au pardon (soit quatorze mois en moyenne), leur état est resté stationnaire. Mais par la suite, après avoir suivi le même programme basé sur le pardon, elles ont ressenti une amélioration psychologique identique.

À titre d'illustration, Robert D. Enright et Suzanne R. Freedman décrivent le cas de Nicole, une femme divorcée de cinquante et un ans [27]. Au premier entretien, celle-ci signale

---

27. *Ibid.*, p. 991-992.

qu'elle souffre d'anxiété, d'accès de panique, de dépression et de faible estime de soi. Elle éprouve un fort ressentiment envers son père et pense que cela durera toujours. Mais au cours du processus, elle cherche à mieux connaître l'enfance de son père et apprend ainsi par son oncle qu'il a vécu une enfance particulièrement malheureuse. Elle met alors à l'actif de son père le fait qu'il ait arrêté de boire et qu'il n'ait pas maltraité ses enfants. À ce moment, elle a pardonné intellectuellement, mais non émotionnellement. Elle écrit alors à son père, et l'échange de courrier lui fait découvrir la « vulnérabilité » de cet homme et même son « côté très doux et attentionné ». « Aujourd'hui, affirme-t-elle, je peux dire que j'aime vraiment mon père. Même si j'aurai toujours du chagrin de ne pas avoir eu le père dont je rêvais, je peux maintenant ressentir des sentiments positifs envers lui et accepter ce qu'il me donne. » Le père de Nicole est mort quelques mois après qu'elle eut fini sa « thérapie par le pardon ». Pendant la maladie qui a précédé le décès, Nicole a pu être auprès de lui, lui faire la lecture et le nourrir. Elle s'est alors sentie plus proche de lui que jamais auparavant.

Savoir apprécier la vie

Abordons maintenant la deuxième dimension, plus globale, évoquée au début de ce chapitre, qui consiste à donner un sens à sa vie. Cela peut s'exprimer de différentes manières. Par exemple, les personnes traversant une épreuve accordent souvent ensuite une importance particulière aux relations humaines. Gustave-Nicolas Fischer, professeur de psychologie sociale à l'université de Metz, a enquêté avec ses étudiants auprès de personnes vivant ou ayant vécu des situations extrêmes de quatre types : la maladie mortelle (cancer, sida), la guerre, le camp de concentration ou encore la perte d'un être cher [28]. Pour surmonter l'épreuve, ces personnes ont dû

28. G.-N. Fischer, *Le ressort invisible. Vivre l'extrême*, Paris, Seuil, 1994.

puiser au fond d'elles-mêmes des ressources latentes, mais jusqu'alors insoupçonnées, d'où le titre de l'ouvrage, *Le ressort invisible*. Ce potentiel de vie, qui ne se révèle réellement que si l'on fait appel à lui, leur a permis de transformer l'obstacle en tremplin, la fragilité en richesse. « L'être humain, nous dit G.-N. Fischer, ne fait appel aux ressorts de sa survie que lorsqu'il est acculé à la mort, lorsqu'il ne peut plus contourner l'inévitable ; paradoxalement donc, c'est lorsqu'on doit affronter la mort que l'on apprend à vivre. [...] Nous nous trouvons ainsi en présence d'un principe fondamental de survie, celui par lequel tout homme, même placé dans une situation sans issue, peut la transcender : dans ce sens, la matière humaine se révèle comme matière spirituelle [29]. »

Dans ces situations extrêmes, l'échelle de valeurs des individus se modifie profondément. Ainsi, les personnes atteintes de maladie grave en arrivent à nettement relativiser les éléments matériels de l'existence et à donner inversement bien plus d'importance à l'amour de la vie et aux relations humaines qu'elles ne l'avaient fait jusqu'alors. Une femme cancéreuse déclare : « Avant d'être malade, je me disais quelquefois, suite à de gros problèmes : la vie ne vaut pas le coup d'être vécue. Maintenant, j'ai envie de vivre. Je suis plus tolérante avec tout le monde. J'essaie de comprendre le comportement des gens, je vais plus au fond des choses, je ne juge pas les gens, je suis plus à l'écoute de ma famille, j'essaie de ne pas faire souffrir [30]. » Et un homme accidenté affirme : « La kyrielle de comprimés que je dois avaler tous les jours n'aurait aucun effet sur ma douleur sans la chaleur humaine dans laquelle je me réfugie... Des mots comme "je t'aime" sont les plus grands adversaires de la mort [31]. »

---

29. *Ibid.*, p. 110 et 142.
30. *Ibid.*, p. 136.
31. *Ibid.*, p. 236.

Presque tous les malades graves interviewés par G.-N. Fischer et ses étudiants disent que leur entourage, surtout familial (mais aussi les amis proches), joue un rôle très important. Se sentir aimé (parfois même découvrir à quel point on est aimé) donne à l'individu l'énergie nécessaire, la raison de continuer à vivre et de se battre. Une femme de quarante-neuf ans, atteinte du cancer, déclare par exemple : « Mon mari et mes enfants ont été très près de moi, l'amour qu'ils m'ont donné est un don inestimable. Leur affection et leur soutien m'ont permis de prendre conscience de la valeur et de la présence que je représentais pour eux. Ils ont donné un sens à ma vie[32]. »

Un autre exemple est celui d'Antonio Fonseca, dont les deux jambes et un bras ont été arrachés par un train alors qu'il travaillait de nuit sur un chantier ferroviaire. Doté d'une volonté à toute épreuve, il se fait appareiller et, déjouant les pronostics des médecins, parvient à remarcher et même à conduire une voiture. Il déclare : « Comment pourrais-je ne pas remercier Dieu tous les jours de m'avoir gardé en vie lorsque chaque heure du jour je constate les bienfaits dont j'ai été comblé, une femme douce et radieuse, deux enfants en bonne santé. C'est beau d'avoir des enfants, c'est beau de les voir grandir, de les prendre dans ses bras, de cueillir leur premier sourire, leur premier mot, leur premier pas[33]. »

L'exemple d'Anne Frank, décédée d'épuisement dans un camp de concentration, est tristement instructif à cet égard. Car cet épuisement fut-il seulement physique ? Une amie de la famille qui l'a connue dans le camp a donné un autre éclairage au cours d'une interview télévisée. Selon elle, Anne était convaincue, à tort, que ses deux parents étaient morts. Elle croyait que la seule personne de sa famille encore vivante était sa sœur, internée dans le même camp qu'elle. Le décès de celle-ci a brisé la dernière résistance

---

32. *Ibid.*, p. 151.
33. A. Fonseca, *Fonseca, la rage de survivre*, Paris, Mame, 1986, p. 158.

d'Anne Frank, car elle n'avait plus de raison de vivre, et elle est morte peu après. Même s'il ne s'agit là que d'une interprétation, celle-ci est parfaitement plausible.

La description qu'ont fournie Victor Fankl et Bruno Bettelheim du comportement des « musulmans » dans les camps de concentration nazis appuie d'ailleurs cette interprétation [34]. On nommait ainsi certains prisonniers, par analogie avec la soumission fataliste qu'on attribue parfois, à tort, aux musulmans. B. Bettelheim souligne que ces prisonniers, qui « étaient convaincus de n'avoir pas le moindre pouvoir sur leur environnement, devenaient, littéralement, des cadavres ambulants. [...] Ils renonçaient à toute réaction et devenaient des objets. Du même coup, ils renonçaient à leur qualité de personnes. Ces ombres ambulantes ne tardaient pas à mourir. [...] Ils avaient commencé par renoncer à l'action, qui semblait dénuée d'utilité ; puis à l'émotion, car toutes étaient pénibles ou dangereuses. Finalement, le processus aboutissait au blocage de la stimulation elle-même. »

Au-delà de l'épreuve, la quête du bonheur

Certaines personnes résilientes font preuve, devant les problèmes de l'existence, d'un optimisme qui surprend leur entourage. Une collègue de travail a ainsi dit à Jacques, dont nous parlions plus haut : « Toi, je ne sais pas comment tu fais, mais tu es comme les petits chats. On sent que tu retomberas toujours sur tes pattes. »

Ayant surmonté l'insurmontable, ayant même parfois vaincu la mort, comme les rescapés des camps de concentration, nombreux sont en effet les résilients qui ont le sentiment que rien de pire ne peut désormais leur arriver, que tout problème ultérieur ne peut être qu'insignifiant comparativement à ce qu'ils ont déjà vécu. Ainsi, Jean-Paul Kauffmann,

---

34. V. Frankl, *Découvrir un sens à sa vie*, *op. cit.*, p. 39. B. Bettelheim, *Le cœur conscient*, Paris, Hachette, 1997, p. 206-208.

otage libéré après trois ans de détention, affirme : « C'est idiot à dire, mais je me sens désormais protégé. [...] L'impression qu'après être sorti vivant de cette histoire, plus rien ne peut m'arriver, que la peur n'est plus de mise[35]. »

Le baron Empain, autre otage interviewé par Guillemette de Sairigné, considère pour sa part que son kidnapping a été « un carrefour essentiel » de son existence. À quarante et un ans, tout lui souriait : héritier d'une grosse fortune, époux d'une belle Italienne, père de trois enfants et numéro un du groupe Schneider. Puis c'est le drame : il est kidnappé et se retrouve encagoulé, enchaîné aux chevilles et aux poignets, sans pouvoir se laver, enfermé dans une caisse cloutée quand on le transporte d'un lieu de détention à un autre, amputé d'une phalange sans anesthésie. Il sera finalement libéré au bout de soixante-trois jours. Mais plus encore que cela, c'est l'étalage de sa vie privée dans la presse pendant sa détention qui l'a le plus éprouvé, une fois libéré.

« Vous doutez de tout, maintenant ? lui demande G. de Sairigné.

– Eh bien étrangement, non. Je suis même devenu terriblement optimiste. Je crois vraiment avoir affronté le pire. Pas la peur de mourir, non, ça, ce n'était pas le pire, mais la perte de mon métier, de ma famille, de mes amis. Et je m'en suis sorti. Je suis blindé maintenant, prêt à tous les recommencements. Et animé d'un formidable désir de vivre.

– Que vous n'aviez pas avant ?

– Avant – comment vous dire ? –, je ne vivais pas tous les jours [...] j'oubliais souvent l'heure présente. Aujourd'hui, je goûte le fait de me lever, de prendre ma douche, de me laver les dents, de faire une marche à pied, de dîner avec des copains, de me disputer éventuellement avec eux, de vous parler aujourd'hui. Aujourd'hui, je vis tous les jours de ma vie[36]. »

---

35. G. de Sairigné, *Tous les dragons de notre vie, op. cit.*, p. 246.
36. *Ibid.*, p. 237.

La quête du bonheur peut d'ailleurs relever d'une démarche très consciente et volontariste, comme pour le philosophe Robert Misrahi [37]. Lorsque, au cours d'une interview, je lui demande pourquoi il a choisi le bonheur comme thème central de sa recherche philosophique, il me répond que c'est évidemment par recherche de la nature humaine, mais aussi en raison de son expérience personnelle. Cet homme a en effet perdu la moitié de sa famille lors des persécutions nazies. « Dans une telle situation, m'explique-t-il, ou bien on se laisse couler dans la souffrance, ou bien on réagit fortement et on tente d'aller vers quelque chose [38]. »

Cette expérience va l'amener à considérer qu'au cœur de la nature humaine se situe le désir de joie. Le bonheur est ainsi une nouvelle manière d'être qui découle d'un changement de regard de l'individu sur le monde, ce que R. Misrahi appelle une conversion philosophique. Pour ce penseur, le bonheur présente trois contenus : la réflexion, qui permet à l'individu de devenir vraiment la source des décisions concernant son existence ; l'amour, par lequel l'autre n'est pas perçu comme un objet, mais reconnu comme un sujet ; la jouissance du monde, qui peut s'exprimer en appréciant la beauté de la nature, en admirant une œuvre d'art ou encore en se lançant dans l'action.

Le soutien de la foi

Un autre élément assez souvent mentionné par les personnes résilientes comme élément de soutien et de construction de sens est la religion. Dans une des premières études sur la résilience, réalisée dans les îles Hawaii, et dont nous avons parlé dans l'introduction, l'auteur, Emmy Werner,

---

37. R. Misrahi, *Qu'est-ce que l'éthique ? Éthique et bonheur*, Paris, Armand Colin, 1998 ; *Les actes de la joie ; fonder, aimer, agir*, Paris, PUF, 1987.

38. R. Misrahi, « Construire son bonheur », *Sciences humaines*, n° 75, août-septembre 1997, p. 22-23.

soulignait qu'une foi religieuse profonde faisait partie des principales caractéristiques des enfants résilients, une fois devenus adultes [39]. Nombreux sont les témoignages individuels qui vont dans ce sens. Je me souviens par exemple d'avoir été un jour interpellé par un professeur philippin, qui paraissait tout à fait épanoui. Il racontait pourtant avoir eu une enfance terrible, sans donner de détails, et rajoutait: «À certains moments je ne voyais plus personne à qui me confier. La seule chose qui me faisait tenir debout, c'était ma relation avec Dieu, la prière.»

Jean-Paul Kauffmann, à l'instar de plusieurs autres otages au Liban, a été lui aussi soutenu dans son malheur par la foi. «J'avais gardé la foi, dit-il, mais une foi un peu tiédasse. C'est vraiment dans mes geôles libanaises que le Christ est entré dans ma vie. [...] J'ai eu le sentiment de partager sa Passion, son état de déréliction, d'être moi aussi l'innocent condamné, abandonné de tous [40].» Et il poursuit en faisant remarquer que «ce qui est terrible, c'est qu'à notre époque, le simple fait de retrouver la foi et une certaine proximité avec Dieu est ressenti par beaucoup comme irrationnel, intolérable: alors on vous colle l'étiquette "mystique", ça vous a un côté un peu tapé qui rassure les foules. Mais bon, peut-être les gens n'ont-ils pas tout à fait tort, peut-être cette tension vers quelque chose d'absolu est-elle une forme de mysticisme [41]...»

C'est souvent au travers d'une foi non sectaire en Dieu qu'une personne résiliente découvre la possibilité d'être acceptée inconditionnellement. Je faisais remarquer dans le premier chapitre que la notion d'acceptation inconditionnelle de l'autre, souvent présentée par des psychologues comme un objectif à atteindre par les parents, dépasse les capacités

39. E. E. Werner, «Children of the garden island», *Scientif American*, avril 1989, p. 80.
40. G. de Sairigné, *Tous les dragons de notre vie*, *op. cit.*, p. 244.
41. *Ibid.*, p. 246.

humaines, ce qui m'a conduit à lui préférer l'expression « acceptation fondamentale ». Pourtant des personnes résilientes témoignent d'avoir ressenti une acceptation inconditionnelle, mais dans une logique qui transcende la réalité purement humaine : ils disent que c'est l'affaire de Dieu, que seul Dieu peut aimer de cette façon. Comme le fait remarquer Boris Cyrulnik, Dieu peut constituer pour certains individus un tiers parfait « pour entendre nos malheurs, nos misères inavouables et la prière de nos désirs [42] ».

C'est une expérience de ce type qu'a vécue Hsiao Li, une jeune fille qui a grandi dans une famille unie d'un petit village montagnard de Taiwan [43]. Le drame de sa vie survient à l'adolescence, lorsqu'elle obtient son premier emploi. Pour l'accomplir, elle doit aller à Taipei, mais il s'agit là d'une ruse qui la fait plonger dans le monde de la prostitution forcée. Amenée au Japon, elle est contrainte, par de multiples privations et violences, à se prostituer. Obligée d'accepter vingt-cinq clients par jour en moyenne, elle perd presque totalement le goût de vivre et a profondément honte d'elle-même. Un jour, elle se retrouve enceinte, ce qui conduit son proxénète à la renvoyer immédiatement à Taiwan. Autrefois radieuse et pleine d'énergie, Li se sent profondément déprimée et refuse de revoir ses anciens amis. Bien que sa famille la soutienne du mieux qu'elle peut, elle continue à se dire : « Je suis si dégoûtante. Tout cela est de ma faute. » Sa famille suggère alors qu'elle aille vivre dans une maison d'accueil des Sœurs du Bon Pasteur. C'est là qu'elle rencontre un prêtre qui lui assure qu'elle n'est aucunement coupable et que l'amour de Dieu pour elle est inconditionnel. Ces propos font progressivement leur chemin dans l'esprit de Li. Au bout de quelques mois, un sourire commence à éclairer son visage et elle renoue avec ses anciennes relations.

---

42. B. Cyrulnik, *Un merveilleux malheur*, *op. cit.*, p. 118.

43. Good Shepherd Sisters, supplément to *Growth in the muddle of life. Resilience : building on people's strengths*, Taipei, s. d.

Aujourd'hui, même si le souvenir de son passé demeure très douloureux, Li est active et à nouveau bien entourée. Elle affirme : « Je remercie Dieu d'avoir placé auprès de moi tant d'amis si compréhensifs et attentionnés. Je pense que Dieu a réellement montré une grâce sans limites envers moi [44]. »

Plusieurs psychologues ont analysé le lien entre la croyance en Dieu et l'équilibre psychologique. Pia Rebello a ainsi repéré en 1995 plus de dix auteurs qui ont noté une corrélation positive entre la foi religieuse et la résilience, ou plus généralement la santé mentale [45]. Cela ne dit évidemment rien sur la nature de ces corrélations et n'exclut pas que le lien puisse parfois être négatif. J. Gartner, D. Larson et G. Allen ont pour leur part montré dans une analyse s'appuyant sur plus de deux cents recherches que les rapports entre foi religieuse et santé mentale – pas spécifiquement la résilience – sont complexes [46]. Mais ils précisent que le lien est généralement positif, surtout si l'on observe la vie réelle des croyants plutôt que d'établir des constats indirects par questionnaire interposé. Une étude sur l'« énergie morale » des enfants démunis montre par ailleurs que la foi religieuse est souvent à l'origine de la résilience [47].

---

44. *Ibid.*, p. 14.

45. P. Rebello, « Religious faith and resilience : research from child psychology », *ICCB News*, 1995.

46. J. Gartner, D. Larson et G. Allen, « Religious commitment and mental health : a review of the empirical literature », *Journal of Psychology and Theology*, 1991, vol. 19, n° 1, p. 6-25.

47. R. Coles, « Moral energy in the lives of impoverished children », in T. et R. Coles (dir.), *The child in our times*, New York, Brunner-Mazel, 1989. La relation entre une vie spirituelle au sens large et la résilience, dans le contexte spécifique des traumatismes psychiques graves chez les enfants, est également notée par James Garbarino et Claire Bedard. Ils recommandent d'intégrer une approche spirituelle dans une action plus large d'aide aux victimes de traumatismes. Une telle approche peut aussi s'adresser au personnel aidant et doit être culturellement adaptée. Voir J. Garbarino et C. Bedard, « Spiritual challenges to children facing violent trauma », *Childhood*, vol. 3, n° 4, 1996.

Des projets à réaliser

Voyons maintenant comment le sens peut se manifester au travers de l'action. L'expérience atteste que la résilience passe souvent par un projet à mettre en œuvre, un objectif à réaliser. Un proverbe soufi résume cela de belle manière : « Accroche ta charrue à une étoile. »

Reprenons ici l'exemple d'Anne Frank. Son journal montre clairement que ses intérêts et ses projets l'ont beaucoup aidée à trouver un sens, à ne pas perdre courage pendant la période où elle devait vivre cachée par peur des nazis. Elle avait de vastes intérêts intellectuels qui étaient soutenus par sa famille, en particulier l'étude de l'histoire et des langues. Mais elle pensait aussi à son avenir, envisageait de devenir journaliste et réfléchissait sur le sens ou le non-sens de cette guerre qui lui était imposée.

Cette importance des projets, voire des défis, pour l'enfant a été bien comprise par de nombreux enseignants. Dans les écoles où les professeurs posent vraiment des défis aux élèves, où ils ont pour eux des attentes élevées, le système scolaire fonctionne mieux et les élèves obtiennent de meilleurs résultats, même s'il ne s'agit pas d'écoles d'élite et si les enfants se trouvent au départ dans une situation difficile[48].

Une nuance s'impose cependant. En effet, des enseignants de Taiwan m'ont mis en garde contre le danger d'imposer des exigences trop élevées aux élèves, ce qui peut conduire certains au découragement, voire à la dépression. Les attentes doivent donc être bien adaptées aux possibilités de l'individu : ni trop ni trop peu. On peut comparer cette situation à l'action d'un médicament : bénéfique à une certaine dose, il devient toxique si elle est excessive. Il en est de même avec la résilience : certains éléments essentiels pour

48. Western Regional Center for Drug Free Schools and Communities, *Fostering resiliency in kids : protective factors in family, school and community*, Portland, Oregon, 1991.

construire celle-ci peuvent devenir néfastes s'ils sont trop accentués. Il est donc dangereux, lorsque nous sommes mis en face des réalités humaines, de raisonner de façon strictement linéaire, en adoptant un raisonnement du type « puisque ce facteur est bénéfique, alors favorisons-le massivement ». Car la vie humaine est souvent bien plus complexe que ne le laisse supposer cette logique simplificatrice. La courbe suivante, dite « courbe en U inversé », bien que schématique, fournit une image plus juste de la réalité. Elle montre que la résilience augmente à mesure que le niveau de défi s'élève, mais jusqu'à un certain point seulement. Si le défi excède les capacités du sujet, il entraîne à l'inverse une diminution de ses possibilités de résilience, voire les éteint presque. Nous verrons dans les chapitres suivants que ce type de courbe s'applique également à d'autres facteurs, tels que l'estime de soi ou les mécanismes de défense.

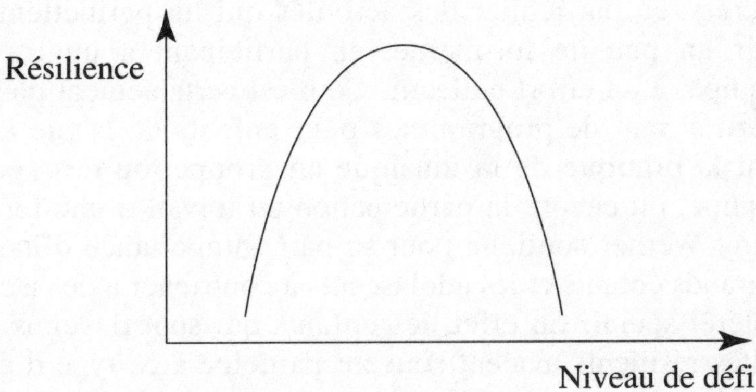

L'expérience vécue par l'explorateur norvégien Boerge Oustad, qui a traversé l'Antarctique à pied, constitue à cet égard une source d'inspiration. Il indiquait qu'une des conditions de sa réussite avait été de se fixer chaque jour un objectif réalisable, parfois très restreint, conduisant à une victoire quotidienne. À chaque jour suffit sa peine, donc. Il est utile de se souvenir de cette leçon lorsque nous visons un objectif qui semble se situer à la limite de nos capacités personnelles et, plus généralement encore, pour tenir le coup dans une situation difficile.

L'exemple d'Anne Frank nous suggère une autre réflexion, déjà évoquée précédemment. La résilience comprend certes une composante de résistance, de protection de l'intégrité personnelle, mais elle va bien plus loin et comporte aussi un aspect de construction positive. Cet élément, que nous retrouvons dans toutes les histoires de vie de personnes résilientes, rend le concept beaucoup plus riche et constructif. La résilience repose sur un réalisme dont l'espérance fait partie intégrante.

Se sentir responsable

Chez l'enfant, la responsabilité dans l'action peut s'exprimer, à un niveau simple et quotidien, par des projets très concrets, en particulier des activités qui lui permettent de sortir un peu de lui-même, en participant à un travail d'équipe, à un effort collectif. Ce n'est certainement pas un hasard si tant de programmes pour enfants de la rue intègrent la pratique de la musique en groupe, ou des sports d'équipe, ou encore la participation au travail d'une ferme. Emmy Werner souligne pour sa part l'importance d'inciter les grands enfants et les adolescents à contribuer à des tâches d'intérêt social. En effet, les enfants qui sont devenus des adultes résilients avaient souvent participé à ce type d'activité. Une responsabilité bien assumée peut évidemment donner le sentiment d'être utile, d'être apprécié, à condition toutefois qu'elle ne dépasse pas les possibilités de l'enfant.

J'ai moi-même assisté à une étonnante expérience de résilience collective par le biais d'une responsabilité concrète, il y a une vingtaine d'années, dans un village du pays de Galles. Située au fond d'une vallée, cette communauté s'était développée autour de l'exploitation du charbon. La fermeture des mines avait plongé la région dans une dépression, pas seulement économique. Dans ce contexte, les responsables d'une animation communautaire avaient confié à un groupe de jeunes du village la décoration de l'arrêt de bus du village. Le résultat fut une merveille : le petit abri fut embelli par l'emblème du pays de Galles, un grand dragon aux couleurs vives particulièrement bien dessiné. Mais ce travail a rapidement suscité la jalousie d'une bande rivale d'un village voisin, qui est venue tout démolir. Les jeunes du village ont cependant tout remis à neuf dans les plus brefs délais. Le fait de leur avoir confié la responsabilité de cet abri a beaucoup contribué à la beauté du site et à la rapidité d'exécution des réparations. Mais évidemment, une fois de plus, un tel exemple est destiné à inspirer des personnes, non à être imité à l'identique partout.

La responsabilité peut également revêtir une dimension altruiste, lorsque l'enfant prend soin d'un animal ou d'une plante, voire d'un autre enfant. Une étude a ainsi comparé le devenir personnel de deux groupes d'enfants maltraités [49]. Plusieurs de ceux qui, en fin d'adolescence, s'en sortaient plutôt bien avaient été responsables de quelqu'un d'autre, parfois un petit frère qu'il fallait protéger, parfois un animal dont il fallait s'occuper. Cette responsabilité était un élément essentiel dans la vie de ces enfants. Il n'était en revanche jamais mentionné par ceux qui n'étaient pas parvenus à un certain équilibre psychologique. En raison de cet impact positif qu'entraîne la responsabilité vis-à-vis d'un animal, Hanita Zimrin, qui a mené cette étude, suggère notamment d'introduire un petit animal familier à l'école. Dans ce cas, il faut choisir l'animal – ou la plante – en fonction de l'âge de l'enfant, en tenant notamment compte de deux critères : le type de relation que l'enfant peut entretenir et la lourdeur des responsabilités. Un cactus supporte plus d'indifférence qu'une orchidée et la relation avec un chien de chasse

49. H. Zimrin, « A profile of survivors », *Child Abuse and Neglect,* 1986, vol. 10, p. 339-349.

comporte d'autres exigences que celle avec un poisson rouge dans un bocal...

Quant à la responsabilité parentale, elle peut profondément transformer un être, comme le montre une enquête menée auprès de mères noires vivant sans compagnon dans un quartier très pauvre et marqué par la violence. Alors que la plupart des recherches effectuées dans ce type de milieu se focalisent généralement sur les facteurs de risque, les auteurs de l'étude ont délibérément mis l'accent sur les éléments positifs, en interviewant dix mères décrites comme résilientes par des travailleurs sociaux[50].

Celles-ci déclarent que leurs enfants sont très importants pour elles et leur apportent plus de satisfaction que de stress. Cette responsabilité et cette joie d'être mère les aident à apprécier positivement leur vie et les motivent à aller de l'avant. Diane Martin, mère de quatre enfants, affirme par exemple : « Ma vie tourne essentiellement autour de mes enfants. Ce qui les rend heureux me rend heureuse. Je tire ma joie de mes enfants, je suis comme ça[51]. » Plusieurs déclarent même que seule la naissance de leur enfant leur a permis de s'en sortir. Pour elles, leur tâche éducative ne se limite pas à fournir une existence matérielle décente à leurs enfants – ce qui constitue déjà un exploit quotidien –, mais consiste aussi à leur apprendre à être indépendants, à respecter la famille proche, à valoriser l'enseignement, à se fixer des buts. Toutes ces femmes ont également pour caractéristique – qu'elles cherchent d'ailleurs à transmettre à leurs enfants – de cultiver une certaine joie de vivre : elles admettent que la vie n'est pas parfaite mais estiment que leur situation pourrait être pire. Notons au passage un élément prouvant qu'il n'y a pas de modèle unique de résilience

---

50. A. E. Brodsky, «"Making it": the components and process of resilience among urban, African-American, single mothers», *American Journal of Orthopsychiatry*, avril 1989, vol. 69, n° 2, p. 148-160.

51. *Ibid.*, p. 153.

directement applicable à toutes les circonstances. Contrairement à beaucoup d'autres enquêtes, celle-ci montre les limites du lien social : ainsi, le voisinage (à haut risque) et la famille constituent davantage une source de stress que de soutien pour ces mères. En outre, le peu de soutien matériel ou affectif des pères vis-à-vis de leurs enfants conduit ces femmes à considérer que leur situation de mère seule est finalement plutôt positive. L'Église fournit la seule aide réelle, puisque la spiritualité est une ressource importante pour beaucoup de ces femmes. Prendre de la distance avec l'entourage immédiat apparaît donc ici comme un élément plus protecteur que néfaste.

Des propos identiques concernant la responsabilité parentale comme facteur de résilience ont été tenus par des femmes qui avaient eu leur premier enfant quand elles étaient adolescentes. L'une d'elles, qui fréquentait alors des gangs, a modifié son comportement à la suite de sa grossesse, et déclare aujourd'hui : « Si je n'avais pas eu mon enfant, je serais morte ou en prison[52]. »

Même les individus apparemment les plus endurcis peuvent être transformés par leurs enfants, comme en témoigne une tranche de vie peu connue de Jacques Mesrine, le célèbre truand. Dans son autobiographie écrite en prison, il raconte être resté des heures à contempler une photo de son bébé Sabrina, adressée par sa femme. « Pour elle, je me sentais capable de changer ma façon de vivre. Je me sentais coupable de ma non-présence[53]. »

Un jour, un gardien le laisse embrasser sa fille : « De sentir ce petit corps vivant qui était le fruit de mon amour me bouleversa. Sabrina me regardait avec les deux petites perles noires qui lui servaient d'yeux. [...] En l'embrassant

52. Propos recueillis par Isabelle Rüttimann à l'occasion d'un travail universitaire, Fribourg, Suisse. Communication personnelle.
53. J. Mesrine, *L'instinct de mort*, Paris, Champ libre, p. 122.

tendrement, je me rendis compte de ce que j'avais perdu et de ce que je lui faisais perdre : tout l'amour et la tendresse que je ressentais pour elle, tout cela emprisonné dans le froid d'une cellule par ma seule faute. Je pense que c'est à cet instant que je pris la décision de changer de vie dès ma sortie. Je m'en sentais capable pour ma fille. Je l'embrassai tendrement et la rendis au gardien [54]. »

De fait, quand il est libéré après un an et demi d'incarcération, il cherche un travail et, ayant quelques connaissances en architecture, se présente à une agence de maquettes. Dès le premier instant, le patron lui inspire confiance. Mesrine joue la carte de la franchise et lui explique qu'il sort de prison pour des histoires d'armes et de vol, et qu'il veut repartir de zéro. Son interlocuteur lui dit qu'il n'est pas là pour le juger et qu'il est prêt à lui offrir sa chance. Mesrine raconte qu'il était fou de joie en quittant son bureau. Une inquiétude l'étreint cependant au matin de son premier jour de travail : « Arrivé devant le portail, j'eus envie de faire demi-tour. Mais je franchis l'entrée. Un simple pas peut changer le destin d'un homme... Cette fois, je venais de faire le bond [55]. »

Les mois passent, et le patron ne peut que se féliciter de la qualité du travail de Mesrine qui, par ailleurs, suit des cours du soir pour améliorer ses compétences en architecture. Tout se déroule bien durant seize mois, jusqu'à ce qu'une sérieuse baisse des commandes oblige le patron à licencier cinq employés sur sept, dont Mesrine. Celui-ci se remet en quête d'un emploi, mais sa politique de la franchise a des effets désastreux. Il change alors de méthode et parvient à décrocher un emploi. Mais au bout de quinze jours, le patron le convoque dans son bureau pour lui annoncer qu'il a eu connaissance de son passé et qu'il a décidé de se séparer de lui. « Cette fois, écrit-il, j'assistais à l'écroulement de mes efforts. On me jetait mon passé à la figure comme une mala-

54. *Ibid.*, p. 123-124.
55. *Ibid.*, p. 128.

die honteuse et chronique. Cette société vindicative se refusait à oublier la faute que j'avais payée. D'un seul coup, ma révolte intérieure refit surface. [...] Ma décision était prise. La société me refusait le droit de gagner ma vie, j'allais de nouveau m'attaquer à elle[56]. » À peine a-t-il franchi le seuil de l'entreprise qu'il téléphone à son ex-acolyte, qu'il n'a plus vu depuis trois ans, pour lui dire qu'il est à nouveau prêt à reprendre du service. Il devient bientôt « Mesrine », l'ennemi public numéro un en France et au Canada, avant de tomber sous les balles de la police.

Il s'en est pourtant fallu de peu qu'il ne parvienne à construire progressivement sa résilience grâce à sa femme et à sa fille...

L'engagement : la souffrance surmontée ?

Le sens n'est pas un produit de luxe, bien au contraire, et c'est dans les circonstances extrêmes qu'il manifeste souvent sa pleine puissance. Par exemple, l'accompagnement des mourants, comme mère Teresa le pratiquait en Inde, n'a aucun sens d'un point de vue strictement utilitaire. Néanmoins beaucoup de personnes, y compris des non-croyants, en saisissent le sens, fondé sur la reconnaissance de la dignité humaine, même dans ces circonstances sans espoir. C'est ce même sens qui motive des personnes et des groupes dans les circonstances les plus difficiles.

L'engagement né d'une souffrance surmontée constitue précisément une forme très particulière de sens. C'est peut-être dans ce genre de circonstances que le double aspect de la résilience prend toute sa dimension. Rappelons-nous en effet que la résilience ne désigne pas seulement la capacité de résister à l'adversité, mais aussi l'aptitude à transformer une expérience personnelle douloureuse en dynamique permettant

56. *Ibid.*, p. 133.

d'ouvrir de nouveaux horizons. Il ne s'agit aucunement de glorifier la souffrance mais, lorsqu'elle est là, de chercher à composer avec elle de façon constructive, ce qui libère en nous des forces et des richesses insoupçonnées. D'ailleurs, il est fréquent que ceux qui comprennent le mieux une situation difficile soient eux-mêmes passés par une expérience identique. Une assistante sociale pourtant déjà très expérimentée m'avouait récemment, après avoir été victime d'un accident qui l'obligeait à marcher avec des béquilles : « Je pensais que je savais ce que cela signifie d'être handicapé. Maintenant je me rends compte que je n'en savais rien. »

Dès leur jeune âge, les enfants eux-mêmes sont capables d'agir ainsi. Fabio Dallape, sociologue impliqué dans des actions de développement, souligne l'altruisme des enfants des rues de Nairobi [57]. S'il y a, entre les bandes, de la compétition et des bagarres, c'est en revanche un grand esprit de solidarité qui prédomine à l'intérieur de la même bande. De plus, écrit-il, « une des caractéristiques des enfants de la rue, beaucoup de gens l'ignorent, c'est leur générosité et leur sens de la solidarité avec les faibles et les pauvres. C'est un réflexe d'autodéfense dans la rue chez les gens qui ne sont pas aimés des autorités [58]. » Un garçon de parking peut ainsi aider une prostituée à attirer les clients et la prévenir en cas de danger. Une prostituée peut partager ses gains avec les jeunes garçons. Fabio Dallape décrit ainsi une situation banale, mais significative. Une vieille dame mendiait à la sortie d'un cinéma. Après le film, aucun spectateur ne lui a donné d'argent, mais un garçon de parking est venu du trottoir opposé et a partagé avec elle le peu d'argent qu'il avait.

Cette qualité peut évidemment être utilisée dans une optique de résilience. Selon F. Dallape, « cette générosité et

57. F. Dallape, *Enfants de la rue, enfants perdus ? Une expérience à Nairobi*, Dakar, Enda, 1990.

58. *Ibid.*, p. 21.

ce sens de la solidarité devraient être encouragés par ceux qui travaillent avec eux. Ils peuvent être les meilleurs réhabilitateurs de ceux qui sont dans la gêne. Ils sont capables de partager avec ceux qui sont dans le besoin [59]. » Pour cet auteur, ces enfants ont les mêmes valeurs que nous (justice, discipline, amour, souci des autres...), ils diffèrent simplement dans la manière de les utiliser. Par exemple, la discipline est un élément important de la rue. Ainsi, certains enfants de la rue limitent la consommation de drogue à la quantité nécessaire et se forcent mutuellement à la modération. S'appuyer sur les valeurs de ces enfants en réorientant celles-ci sera donc probablement plus efficace que des discours moralisateurs.

D'ailleurs, on constate que beaucoup de ces jeunes, s'ils ont été aidés par des adultes et ont réussi à s'en sortir dans l'existence, ont ensuite à cœur d'aider les enfants pauvres et abandonnés. Prenons l'exemple de Marissa, une jeune Philippine de seize ans [60]. Cadette d'une famille de huit enfants, elle a pour parents des forains qui circulent d'une ville à l'autre. En raison de ces constants déplacements, Marissa est confiée à la famille maternelle. Elle réussit à poursuivre sa scolarité malgré l'alcoolisme et les dépenses au jeu des membres de sa famille. À onze ans, sa mère la reprend pour s'occuper des tâches ménagères, tandis que sa sœur aînée et deux frères plus jeunes aident les parents à la fête. Souvent frappée par sa mère quand celle-ci n'est pas satisfaite du travail effectué, Marissa décide de partir définitivement quelques mois plus tard. Son séjour dans les rues est ponctué d'événements difficiles. Elle fait des séjours en prison pour vagabondage, des amies de passage tentent de l'initier à l'usage de la drogue, mais à peine a-t-elle essayé qu'elle décide de ne plus recommencer. Amenée avec des

59. *Ibid.*, p. 21.

60. C. G. Banaag Jr., *Resiliency. Stories found in Philippine streets*, Unicef, 1997, p. 54-57.

amies dans un club, elle refuse de se prostituer et s'en échappe. Enfin, à l'âge de treize ans, elle rencontre des éducateurs de rue qui lui proposent de venir au centre social de Kanlungan.

Aujourd'hui, tout en poursuivant des études, elle est éducatrice de santé junior, son travail consistant à parler aux enfants de la rue et à les informer des dangers de la drogue. Elle aide l'équipe du centre Kanlungan et conduit parfois des enfants aux urgences de l'hôpital. Elle a été nommée en 1994 « meilleure éducatrice de santé junior » par la Croix-Rouge des Philippines, en raison de ses capacités d'organisation et de ses qualités de leader.

Le cas de Marissa est intéressant à un autre titre. En effet, au moment où la personne qui décrit son histoire la rencontre, Marissa, âgée de seize ans, vit une période difficile. Elle souhaite interrompre ses études et est moins active dans le centre. Elle disparaît souvent pendant plusieurs heures sans dire où elle va. Un travailleur social du centre suppose qu'elle a du mal à s'adapter au niveau élevé de performance qui est maintenant attendu d'elle. Cela illustre clairement les risques inhérents à des défis trop difficiles à atteindre.

Il n'empêche. Une fois parvenus à l'âge adulte, nombreux sont les individus résilients qui choisissent de s'engager auprès de l'humanité souffrante. En voici quelques exemples, parmi d'autres.

Voici Catherine Enjolet, qui a été victime d'inceste durant son enfance, et qui a fondé « Parrains par'mille » en janvier 1990. Cette association de parrainage de proximité met en relation des adultes bénévoles et des enfants en désarroi ou en difficulté dans leur milieu familial, avec pour slogan : « Tout près de chez vous, un enfant a besoin de vous. »

Voici Jacques Salomé, enfant né de père inconnu, et qui est devenu un psychothérapeute renommé. « Si je tente, dit-il, par mes livres ou mes actions de formateur, d'enseigner les bases d'une écologie relationnelle qui permette à chacun de pouvoir se dire et d'être entendu, d'être reconnu tel qu'il est, et non tel qu'on voudrait qu'il soit, qui lui permette d'être valorisé, c'est-à-dire d'avoir une valeur liée au sentiment d'être utile au monde, c'est certainement en relation directe avec mes propres carences et manques... En tentant de restaurer autrui, c'est chaque fois une partie de moi-même que je réparais. »

Voici un ancien toxicomane qui avait vécu de multiples pertes affectives. Lorsque j'ai fait sa connaissance, il accompagnait des malades et ses collègues de travail n'en revenaient pas de la qualité relationnelle rare qu'il parvenait à instaurer avec ceux-ci.

Voici le psychiatre pour adolescents Stanislas Tomkiewicz, dont nous avons déjà parlé au chapitre précédent. « Je travaille, écrit-il, avec les adolescents parce qu'on m'a volé ma propre adolescence [61] », passée entre les murs rouges du ghetto de Varsovie et les barbelés du camp de Bergen-Belsen. « Si j'ai voulu m'occuper d'adolescents, ce n'était pas pour voir comment se passait une adolescence ordinaire ; c'était pour tenter de me guérir, en donnant aux adolescents qui n'arrivaient pas à se dépatouiller de leur crise pubertaire l'aide dont j'aurais eu besoin et que personne ne m'a donnée [62]. »

Sa conclusion incite à la réflexion : « Je me suis toujours vu non pas comme un garçon qui a eu beaucoup de malheurs, mais comme quelqu'un qui a eu énormément de chance, et qui doit payer cette chance en travaillant pour les autres [63]. »

Voici Nicole Castioni, abusée sexuellement pendant trois ans quand elle était enfant, et qui a été par la suite mise sur le trottoir par l'homme qu'elle aimait [64]. Ayant changé radicalement d'existence, elle est devenue présidente d'une association d'aide aux prostituées et est aujourd'hui députée

61. S. Tomkiewicz, *L'adolescence volée*, Paris, Calmann-Lévy, 1999, p. 9.
62. *Ibid.*, p. 10.
63. *Ibid.*, p. 220.
64. N. Castioni, *Le soleil au bout de la nuit*, Paris, Albin Michel, 1998.

socialiste à Genève et membre du Comité contre l'esclavage moderne. Elle se dit motivée à agir non seulement contre la prostitution, mais contre toutes les formes de privation de liberté.

Voici un couple ami qui, ayant un enfant handicapé, a décidé, à partir de cette expérience, de s'engager auprès d'autres familles vivant une expérience semblable.

Voici Christiane Cellier, qui a perdu sa fille à cause d'un chauffard imbibé d'alcool. Atrocement brûlée, la jeune fille mettra trois mois à mourir. Sur son lit d'hôpital, elle dit à sa mère : « Bats-toi, bats-toi pour moi ! » Résultat : celle-ci, aidée par des amis et des parents d'autres victimes, crée la Fondation Anne-Cellier qui lutte contre l'alcool au volant [65].

Voici Michel Gillibert qui, après avoir connu une enfance dorée dans un manoir du XVIIIe siècle, devient un riche promoteur immobilier. Mais un grave accident d'hélicoptère fait de lui un tétraplégique jusqu'à la fin de ses jours. Il reconsidère alors son existence et constate que toute la réussite professionnelle qu'il avait convoitée puis obtenue lui semble désormais dérisoire. Trois ans plus tard, il crée le mouvement de défense des grands accidentés de la vie, puis est nommé six ans après secrétaire d'État aux Handicapés. « Mon accident, dit-il, m'a dégagé d'un système qui n'était pas fait pour moi, trop égoïste, trop répétitif ; il m'a permis de découvrir des gens que je n'aurais jamais rencontrés sans lui, de trouver un sens à ma vie. Une fois à terre, je me suis enfin senti un homme libre. Heureux. Un homme debout [66] ! »

Autant de leçons d'optimisme qui nous montrent à quel point les forces de la vie peuvent être puissantes chez l'être humain.

---

65. C. M., « La rage de survivre », *L'Événement du jeudi*, 28 avril 1994, p. 78.
66. G. de Sairigné, *Tous les dragons de notre vie, op. cit.*, p. 293.

4

« Des rires et des sourires sur les douleurs... »

Le diagnostic des médecins vient de tomber : spondylarthrite ankylosante. Le verdict est sans appel. Car derrière ce nom barbare se cache une redoutable maladie, une paralysie progressive jugée quasiment incurable par le corps médical. Le médecin de Norman préfère d'ailleurs être franc avec lui : il n'a qu'une chance sur cinq cents de guérir complètement, et lui-même n'a jamais été témoin du rétablissement d'une personne dans un état aussi grave.

« Tout ceci me donnait matière à réflexion, raconte Norman Cousins *a posteriori*. J'avais été plus ou moins disposé jusque-là à laisser aux seuls médecins le soin de se préoccuper de mon état, mais je me sentais maintenant poussé à agir. Il me semblait évident que si je voulais être ce cas unique sur cinq cents, il me faudrait être plus qu'un observateur passif[1]. » Il refuse de se laisser envahir par la peur et la dépression, et décide de combattre l'ennemi invisible qui le ronge.

Journaliste à *The Saturday Review*, il a l'habitude de parcourir les revues scientifiques de médecine, et a ainsi appris qu'un bon fonctionnement du système endocrinien

1. N. Cousins, *La volonté de guérir*, Paris, Seuil, 1980, p. 26.

est indispensable pour combattre une arthrose aiguë, et que l'insuffisance surrénale peut être causée par des émotions négatives telles que la frustration ou la colère rentrée. L'idéal serait donc, à son avis, de renverser le processus en suscitant des émotions positives. Après tout, pense-t-il, l'amour, l'espoir, le rire et la volonté de vivre pourraient bien avoir valeur thérapeutique.

Il décide donc de mettre en œuvre un programme faisant appel aux émotions positives comme stimulants de la chimie du corps. Aimer et avoir confiance lui semblent être des attitudes assez faciles à adopter, mais comment faire pour rire ? Car rien n'est moins drôle que d'être étendu sur le dos en ayant mal à chaque vertèbre. Qu'à cela ne tienne, Norman Cousins se fait projeter des films comiques et lire des ouvrages humoristiques. Le résultat ne se fait pas attendre : un bon gros rire de dix minutes a un effet anesthésiant surprenant, il calme ses douleurs et lui offre au moins deux heures de sommeil bienfaisant.

Plus étonnant encore est l'effet physiologique. Un test médical permet d'évaluer la gravité d'une inflammation ou d'une infection. Pour cela, on mesure la vitesse de sédimentation, c'est-à-dire la vitesse à laquelle les globules rouges se déposent au fond d'une éprouvette. Une maladie ordinaire comme la grippe peut porter cette vitesse à 30 ou même 40 millimètres par heure, mais lorsqu'elle dépasse 70, le médecin commence vraiment à s'inquiéter. Celle de N. Cousins est montée jusqu'à 115 ! Or, après ses accès de fou rire, cette mesure chute de cinq points. Résultat modeste certes, mais qui persiste et devient cumulatif.

Notre malade prend également des doses massives de vitamine C (acide ascorbique) et constate que cela fait aussi baisser la vitesse de sédimentation. « J'avais rarement éprouvé de joie plus vive. L'acide ascorbique faisait de l'effet et le rire aussi. La combinaison des deux battait en brèche le mystérieux poison qui s'attaquait à mon tissu conjonctif. La fièvre baissait et mon pouls ne battait plus la chamade. [...]

J'avais complètement cessé de prendre drogues et somnifères. Je dormais de plus en plus longtemps, d'un bienheureux sommeil naturel et sans douleurs. »

Au bout d'une semaine de ce traitement, la vitesse de sédimentation est de 80 et Norman Cousins arrive à remuer les pouces sans ressentir de douleur. Quelque temps plus tard, il peut même reprendre son travail à plein temps.

Le cas de Norman Cousins reste toujours un mystère médical, quoique divers travaux récents montrent l'impact de l'humour sur le système immunitaire [2] et sur la réduction de la douleur [3].

Quoi qu'il en soit, ce que je souhaitais souligner au travers de cet exemple, c'est la volonté d'un homme de ne pas se laisser abattre, de réagir face à l'adversité en adoptant une attitude résolument active et en faisant fortement appel à l'humour. De fait, dans ce chapitre, je m'intéresserai aux multiples processus mentaux que nous utilisons pour vivre dans un monde imparfait, c'est-à-dire à ce que les psychanalystes et psychologues appellent mécanismes de défense et stratégies d'ajustement (*coping*), en présentant tout d'abord quelques données générales sur ces processus, puis en m'intéressant plus particulièrement à certains d'entre eux, l'humour, le déni et l'évitement, la minimisation, le contrôle des affects, la rêverie.

Les mécanismes de défense

Les mécanismes de défense, concept central de la psychanalyse [4], ont été décrits pour la première fois par Freud, mais c'est sa fille Anna qui a écrit le premier ouvrage sur le

2. T. Kamei *et al.*, « Changes of immunoregulatory cells associated with psychological stress and humor », *Journal of Perceptual and Motor Skills*, juin 1997, vol. 84, p. 1296-1298. Voir aussi la bibliographie à la fin de cet article.

3. M. Weisenberg *et al.*, « Humor as a cognitive technique for increasing pain tolerance », *Pain*, novembre 1995, vol. 63, n° 2, p. 207-212.

4. S. Ionescu, M.-M. Jacquet et C. Lhote, *Les mécanismes de défense ; théorie et clinique*, Paris, Nathan, 1997.

sujet[5]. Elle y étudie dix mécanismes, dont certains sont bien connus aujourd'hui, comme le refoulement (rejet dans l'inconscient de représentations problématiques), la projection (attribution à d'autres personnes de pensées et désirs personnels que l'on refuse), la sublimation (dérivation de l'énergie d'une pulsion sexuelle ou agressive vers des activités valorisées socialement, telles que l'art ou l'engagement au service d'autrui).

Ces mécanismes inconscients sont utilisés pour rendre supportable une situation particulièrement difficile à assumer ou pour maîtriser une tension interne. Freud et sa fille pensaient qu'une défense efficace, qui empêche une pulsion interdite de parvenir à la conscience du sujet, est dangereuse pour la santé psychique car elle restreint excessivement la compétence du moi ou déforme la réalité. Prenons, par exemple, le cas de l'altruisme, dont nous avons parlé au chapitre précédent. Pour Freud, ce n'est rien d'autre qu'un exutoire à une agressivité que l'on ne s'autorise pas. Se battre pour quelqu'un d'autre est en effet aussi satisfaisant que lutter pour ses propres intérêts, mais bien moins culpabilisant. Pour Freud, l'altruisme « normal » est donc un mythe qui nous fait vivre dans l'illusion. « Au plus profond de moi-même, écrit-il, je suis tout à fait convaincu que mes chers semblables, à quelques exceptions près, ne sont que de la racaille[6]. » De même, Anna Freud affirme que ce n'est pas la bonté mais « la méchanceté du cœur » qui est à l'origine de l'altruisme.

Lucidité extrême ou pessimisme excessif ? Je penche plutôt pour la seconde hypothèse. Toujours est-il que cette interprétation des motivations humaines a été très discutée, et que le caractère pathogène des mécanismes de défense a été battu en brèche par divers psychanalystes. En effet, depuis les années soixante, de nombreux auteurs affirment que si certains de ces processus sont effectivement néfastes, d'autres,

5. A. Freud, *Le moi et les mécanismes de défense*, Paris, PUF, 1996.
6. S. Freud, cité par S. Ionescu et *al.*, *op. cit.*, p. 133.

tels que l'altruisme, l'humour ou encore la sublimation, présentent au contraire des fonctions nettement positives [7].

Faire face

Ce qui explique qu'un nouveau concept, le *coping*, ait parallèlement vu le jour, à partir du milieu des années soixante. Parfois traduit par «stratégies d'ajustement» (aux situations difficiles), ce terme met l'accent sur le caractère actif des attitudes adoptées. Depuis sa première formulation en 1966, le concept de coping a connu un grand succès, qui ne se dément pas, puisque plusieurs centaines d'articles scientifiques lui sont consacrés chaque année.

Mécanismes de défense et stratégies d'ajustement s'opposent terme à terme. Il y a d'une part le contraste entre mécanismes et stratégies. Les mécanismes sont des processus inconscients et automatiques, tandis que les stratégies sont des efforts cognitifs et comportementaux plus ou moins volontaires. Il y a également l'antagonisme défense / ajustement. La défense a une fonction de protection, tandis que l'ajustement est plus dynamique, voire combatif.

Cela pour la théorie. Sur le plan pratique, ces distinctions ne sont pas toujours respectées, plusieurs processus étant classés tantôt dans les mécanismes de défense, tantôt dans les stratégies d'ajustement. Quoi qu'il en soit, l'essentiel à mes yeux est que certains comportements et modes de pensée permettent non seulement de résister à une situation stressante, mais aussi de s'engager dans une démarche dynamique et positive, ce qui s'accorde parfaitement avec les deux facettes de la résilience que j'ai précédemment décrites.

Cependant, les subtilités théoriques sont une chose, l'utilité pratique en est une autre. D'où la question de fond : les

7. Voir notamment G. E. Vaillant, *Ego mechanisms of defense*, Washington, American Psychiatric Press, 1992 ; *Adaptation to life*, Boston, Little, Brown & Co, 1977.

stratégies d'ajustement peuvent-elles faciliter l'équilibre psychologique des victimes de traumatisme ? De nombreux auteurs se sont interrogés à ce sujet, avec une réponse généralement positive. Ainsi, Ann W. Burgess et Lynda L. Holmstrom, de l'université de Boston, ont mené une étude auprès de 81 femmes violées, qui sont venues consulter au service des urgences de l'hôpital de Boston [8]. Plusieurs années après le drame, ces chercheurs ont pris contact avec ces femmes pour savoir comment elles avaient réagi au fil des ans. Les victimes ont alors été divisées en trois groupes, selon leur réaction : celles qui avaient retrouvé une vie normale en quelques mois (30, soit 37 %), celles qui avaient récupéré en quelques années (30, soit 37 %), et celles qui ne s'étaient pas remises de ce traumatisme (21, soit 26 %). Quatre stratégies d'ajustement ont été identifiées : l'explication, la minimisation, la suppression et la dramatisation.

L'*explication* consiste à trouver un sens à l'événement, ainsi que nous l'avons vu au chapitre précédent. C'est la stratégie qui présente le lien le plus net avec la guérison psychologique.

La *minimisation* permet de réduire l'anxiété à un niveau acceptable. Dans cette étude, l'une de ces femmes remarque : « Bien qu'ils aient eu des couteaux, j'ai pensé que c'étaient des gamins et qu'ils ne les utiliseraient pas. Ils n'ont rien fait de pervers [9]. » Une femme de soixante-deux ans, qui avait été violemment frappée, blessée au ventre par le couteau de son agresseur, et presque étouffée par un oreiller, déclare : « J'imagine que vous devez rencontrer des victimes dont l'expérience a été pire que la mienne. Je sais que ça doit être terrible pour certaines de ces jeunes filles. Je sais

8. A. W. Burgess et L. L. Holmstrom, « Adaptative strategies and recovery from rape », *American Journal of Psychiatry*, octobre 1979, vol. 136, n° 10, p. 1278-1282.

9. *Ibid.*, p. 1280.

bien de quoi il s'agit. Moi, j'ai déjà été mariée et j'ai eu des enfants. Par contre, ç'aurait été vraiment dramatique si j'avais été vierge. » Nous verrons plus loin que cette stratégie de la minimisation est souvent employée par les personnes résilientes.

Par la *suppression*, la personne essaie d'écarter complètement de son esprit la mémoire du viol, par un effort conscient. Une femme dit par exemple qu'elle est capable de bloquer ses pensées, pour qu'elles n'arrivent pas à sa conscience, et demande d'ailleurs au psychologue qui l'interroge : « Ne me rafraîchissez pas la mémoire avec ça [10]. »

La *dramatisation* consiste à dissiper l'anxiété en l'exprimant excessivement. Les victimes qui utilisent cette stratégie ont généralement un petit groupe d'amis avec lesquels elles discutent du viol. Notons au passage que les femmes qui bénéficiaient d'une relation affective stable ont récupéré plus vite que les autres.

Enfin, le fait de s'investir dans l'*action*, sous des formes et avec des finalités très diverses, a également un effet positif. L'action la plus commune a été de déménager ou de voyager, mais il y a aussi eu le fait de changer son numéro de téléphone, de se plonger dans la lecture, d'écrire sur le viol subi. Certaines victimes ont rejoint un centre pour femmes violées afin d'aider d'autres victimes. Ce dernier type d'action semble particulièrement efficace. En effet, alors qu'en moyenne 45 % des personnes qui avaient augmenté leur activité avaient récupéré en quelques mois, c'est le cas de 70 % de celles qui avaient choisi d'aider d'autres femmes violées. En revanche, aucune des femmes qui avaient diminué leur activité à la suite de l'agression n'avait récupéré en quelques mois.

---

10. *Ibid.*, p. 1280.

Être responsable de la solution, pas du problème

Philip Brickman, de l'université du Michigan, et ses collaborateurs ont analysé les réactions des personnes vivant des situations problématiques, ainsi que les aides qui pouvaient leur être apportées [11]. Leur réflexion est particulièrement éclairante. Ils établissent une nette distinction entre la responsabilité relative au problème et la responsabilité relative à la solution. D'ailleurs, selon ces chercheurs, nous élaborons tous des hypothèses à ce sujet, sans en être nécessairement conscients. Celles-ci dépassent l'ordre du pur raisonnement et ont des connotations morales, ce qui peut sensiblement influer sur notre comportement et sur celui des personnes qui nous entourent. P. Brickman et son équipe établissent quatre modèles différents de coping et d'aide selon le niveau de responsabilité attribué pour les problèmes et pour les solutions.

	Forte responsabilité pour le problème	Faible responsabilité pour le problème
Forte responsabilité pour la solution	Modèle moral	Modèle compensatoire
Faible responsabilité pour la solution	Modèle de l'éclaircissement	Modèle médical

– Le *modèle moral* (forte responsabilité pour le problème et pour la solution). Selon cette conception, les problèmes d'une personne viennent essentiellement d'elle, et il n'y a également qu'elle qui peut les résoudre. Le regard porté sur les alcooliques a longtemps relevé de cette approche : les buveurs sont responsables de leur état et doivent faire usage de leur volonté pour s'en sortir. Dans ce modèle, la seule aide envisageable consiste à rappeler aux gens que leur des-

11. P. Brickman *et al.*, « Models of helping and coping », *American Psychologist*, avril 1982, vol. 37, n° 4, p. 368-384.

tin est entre leurs mains et qu'ils doivent donc se prendre en charge.

– Le *modèle compensatoire* (faible responsabilité pour le problème et forte responsabilité pour la solution). Un bon exemple de ce modèle est l'attitude du leader noir américain Jesse Jackson, qui a souvent répété à ses frères de couleur : « Vous n'êtes pas responsables de vous retrouver en bas de la société, mais vous êtes responsables de vous élever [12]. » La force de ce modèle est d'inciter les gens à agir pour essayer de résoudre leurs problèmes, sans toutefois leur faire porter la responsabilité de la situation. Ceux qui adhèrent à cette conception et qui souhaitent en aider d'autres cherchent avant tout à mobiliser les ressources propres de ces personnes.

– Le *modèle de l'éclaircissement* (forte responsabilité pour le problème et faible responsabilité pour la solution). Ici, l'accent est mis sur le fait d'éclairer les personnes sur la véritable nature de leur état, peu reluisant. Elles doivent donc accepter une image négative d'elles-mêmes et un fort degré de soumission aux agents de contrôle social. Dans certains cas, l'aide proposée émane d'une secte religieuse, l'adhésion à celle-ci étant le seul moyen, par exemple, de se libérer de l'alcool ou de la drogue. Le défaut de ce modèle saute aux yeux. Outre la culpabilité qu'il est susceptible d'engendrer, il conduit les individus à placer leur destinée entre les mains d'autres personnes (auto-)désignées pour les aider.

– Le *modèle médical* (faible responsabilité pour le problème et pour la solution). Ce modèle ne s'applique pas seulement à la maladie, mais à toutes les situations dans lesquelles l'individu est considéré comme l'objet de forces qui sont au-delà de son contrôle, tant en ce qui concerne l'origine de ses problèmes que les moyens de le résoudre. Par exemple, au cours du XXe siècle, nous sommes progressivement passés du modèle

---

12. *Ibid.*, p. 372.

moral au modèle médical pour divers problèmes tels que l'alcoolisme et la maladie mentale. Cette dernière attitude est d'ailleurs parfois adoptée avec des intentions très louables.

L'approche de la résilience élimine souvent les deux modèles attribuant la responsabilité du problème à la personne, c'est-à-dire le modèle de l'éclaircissement et le modèle moral. Il n'est pas rare en effet que des enfants maltraités se croient à l'origine de la violence qu'ils ont subie, ou que des femmes victimes d'inceste ou de viol se culpabilisent de ne pas avoir suffisamment résisté. Établir une nette distinction entre l'agresseur et la victime est donc, dans de nombreux cas, un point de départ essentiel à la résilience. Je partage la conception de P. Brickman, qui estime que le modèle compensatoire est le seul qui résolve véritablement le dilemme de l'aide. En effet, il justifie l'acte d'aider, puisque les personnes ne sont pas tenues pour responsables de leurs problèmes, mais il laisse à celles-ci le contrôle de leur vie, puisqu'elles ont pour responsabilité d'utiliser cette aide afin de trouver des solutions.

Après ces réflexions générales, il est temps d'examiner plus précisément quelques-unes des stratégies fréquemment utilisées par les personnes résilientes. Ces processus ont généralement la double propriété qui caractérise la résilience : ils permettent à la fois de résister à une situation douloureuse et d'en tirer une dynamique de vie positive. Mais certains présentent aussi le risque d'enfermer la personne dans ses problèmes ou de la rendre difficile à vivre pour son entourage, bref d'empêcher une résilience véritable.

Un « don précieux » : l'humour

Commençons par l'humour, stratégie d'ajustement par excellence, car elle engage presque toute la personne humaine, son intellect, ses émotions, sa physiologie. À noter d'ailleurs que les structures fondamentales de l'humour sont universelles, même si elles donnent lieu à des expressions culturelles très variées. L'humour est considéré par la plupart des auteurs comme la démarche la plus mature. Freud lui-même, habituellement si critique à l'égard des mécanismes de défense, affirme qu'il s'agit d'un « don précieux et rare [13] », la défense la plus élevée de toutes. Selon certains psychiatres, l'humour non agressif est un signe de santé mentale [14]. D'ailleurs, de nos jours, le *DSM-IV*, manuel diagnostique des troubles psychiatriques, qui s'impose de plus en plus comme une référence mondiale, le situe parmi les fonctionnements défensifs les mieux adaptés [15].

L'humour fournit un soutien bienfaisant à chaque fois que nous devons faire face à un décalage entre l'idéal et la réalité. Il nous offre alors une perspective acceptable d'une situation difficile. Comme le dit Benjamin : « Il faut mettre des rires et des sourires sur les douleurs [16]. » Benjamin, c'est le compagnon de Karyn, une jeune femme de vingt-cinq ans, dont le visage et le corps sont parfois déformés par des crises de fibromyalgie, un rhumatisme qui provoque des attaques aussi soudaines qu'insupportables. C'est en repensant à une scène tragi-comique que Benjamin a prononcé la phrase ci-dessus. Ils étaient allés voir ensemble un feu d'artifice, mais vers minuit, une crise a frappé Karyn. Plus de bus ni de taxis. Alors Benjamin a ramené sa compagne sur son dos, et c'est au lever du jour qu'ils sont enfin parvenus chez eux. « Sans Benj, dit Karyn, sans sa patience et son amour, je ne sais pas ce que je ferais. Je ne dis pas ça parce que c'est l'homme que j'aime, mais il arrive toujours à me faire rire, à me persuader que je ne suis pas devenue quelqu'un d'inutile. »

---

13. S. Freud, « L'humour », in *L'inquiétante étrangeté et autres essais*, Paris, Gallimard, 1985, p. 321-328. Voir aussi *Le mot d'esprit et sa relation avec l'inconscient*, Paris, Gallimard, 1988.

14. Je pense notamment à des conversations privées avec le professeur Jorge Serrano, pédopsychiatre à l'université francophone de Louvain.

15. American Psychiatric Association, *DSM-IV, Manuel diagnostique et statistique des troubles mentaux*, Paris, Masson, 1996.

16. P. Baumann, Vécu, « L'amour de Benjamin m'aide à supporter la douleur », *L'Illustré*, 29 octobre 1997, p. 46-49.

Que serait un monde dépourvu d'humour ? Ce réflexe de vie, aussi malicieux qu'inattendu, permet de conserver une certaine joie de vivre, lorsqu'un grain de sable s'insère dans les rouages de l'existence. Il aide l'individu à accepter en souriant ses propres faiblesses et les défauts de son environnement. Il facilite le détachement intérieur, une certaine prise de distance vis-à-vis du problème, et invite à poser un regard amusé sur notre condition. Je me souviens d'un reportage télévisé présentant des handicapés qui avaient surmonté psychologiquement leur infirmité. L'un d'eux était interviewé alors qu'il jouait aux boules avec un groupe d'amis valides. Cet homme unijambiste se débrouillait physiquement fort bien, et était un exemple de joie de vivre. Lorsque la journaliste lui a demandé à quoi il attribuait sa gaieté, il répondit en riant et en sautillant : « C'est parce que je suis quelqu'un de très équilibré ! »

Michel Gillibert, tétraplégique très connu, s'est forgé une réputation bien méritée de pince-sans-rire. Deux anecdotes parmi d'autres donnent un aperçu de cet humour qui désarçonne parfois son entourage [17]. Un jour, Antenne 2 tourne une séquence montrant Jane Birkin lui donnant la becquée. Il lance alors à la cantonade : « Si on me propose de me rendre les mains, je refuse ! » Les responsables de l'émission, obéissant à un réflexe de prudence très politiquement correct, ont décidé de couper cette phrase au montage... Un autre jour, il déjeune au *Fouquet's*, toujours avec Jane Birkin. Elle lui noue sa serviette autour du cou. Visiblement très amusé par la scène, un couple les imite. Ce n'est qu'à la fin du repas, lorsqu'on roule Michel Gillibert vers la sortie, qu'ils comprennent leur méprise. Celui-ci leur lance alors : « Vous en faites pas, le fauteuil roulant, c'est aussi pour rigoler !... »

Comme le dit le métropolite Daniel, de l'Église orthodoxe : « Heureux ceux qui peuvent rire d'eux-mêmes, car ils auront une raison de rire pendant toute leur vie. » À méditer...

---

17. G. de Sairigné, *Tous les dragons de notre vie, op. cit.*, p. 292.

L'humour thérapeute

L'humour se manifestant spontanément, de façon non intentionnelle, pour adoucir les difficultés de l'existence, peut-on s'en servir pour faciliter la résilience, sans tomber pour autant dans le piège d'une mécanique formelle ? Et quel message adresser aux personnes qui reconnaissent manquer d'humour ?

Deux réflexions à ce sujet m'ont été exprimées par un ami de longue date avec lequel j'ai parfois collaboré, le professeur Frode Soebstad, de l'Institut Dronning-Maud pour l'éducation préscolaire à Trondheim en Norvège. Ce chercheur a consacré sa thèse de doctorat et beaucoup d'années de sa vie à l'étude de l'humour des petits enfants [18]. Premièrement, il suffit généralement qu'une ou deux personnes aient un bon sens de l'humour au sein d'un groupe pour qu'elles entraînent les autres dans leur élan et que la dynamique se mette ainsi en route. D'autre part, il est possible de créer un climat favorable à l'éclosion de l'humour, sans que cela implique nécessairement d'en contrôler toutes les conséquences. Sans confiance, il n'y aura pas d'humour ou alors un humour destructeur, qui ne fera qu'isoler celui qui s'en sert ou blesser les autres. Ensuite nous pouvons lire ou raconter des histoires drôles, regarder un film comique ensemble, jouer, danser, chanter ensemble. Cela est tout aussi valable pour les adultes que pour les enfants...

Un degré de plus et nous arrivons à l'utilisation de l'humour en thérapie. Notons d'abord que se sont multipliés ces dernières années les spectacles de clowns auprès d'enfants en détresse : dans les hôpitaux, dans les camps de réfugiés ou avec les enfants de la rue. Le clown est la figure par

---

18. Voir entre autres F. Soebstad, « Glede og humor i smaabarns hverdag », in *Hva gjoer deg glad ?*, séminaire du 25-27 novembre 1987, Lillehammer, Norvège, ainsi que la communication de Gisèle Tessier, professeur à l'université de Haute-Bretagne, au congrès du BICE, *Clés pour devenir*, 13 octobre 1998, Lausanne, Suisse. Signalons également R. Escarpit, *L'humour*, PUF, 1991.

excellence qui réunit tristesse et joie, et qui cherche toujours un équilibre délicat, voire une complémentarité, entre ces deux tendances opposées.

En ce qui concerne la thérapie elle-même, signalons la psychothérapie par provocation et par humour, initiée par l'Américain Frank Farelly et qui a été reprise en Allemagne par Eleonore Höfner et Hans-Ulrich Schachtner [19]. Frank Farelly a travaillé pendant dix-sept ans dans une clinique psychiatrique auprès de personnes considérées comme irrécupérables. On faisait alors souvent appel à lui quand toutes les autres tentatives avaient échoué. Il a ainsi facilité la guérison de plusieurs patients chroniques, au point que ceux-ci ont pu sortir de la clinique, puis mener une vie à peu près normale à l'extérieur. Ils ont en effet pu gagner leur vie de façon indépendante et entretenir des relations sociales avec les personnes de leur entourage.

L'humour est une composante essentielle de l'approche adoptée par Frank Farelly. Le thérapeute semble pousser le patient dans le sens de son problème jusqu'à la provocation, jusqu'à une situation tellement absurde qu'elle en devient drôle. C'est à ce moment-là que surgit un éclair de compréhension et de réaction chez le patient, aux niveaux émotionnel et cognitif, comme s'il se voyait subitement sous forme de caricature. Cela permet alors d'entreprendre un cheminement dans l'autre sens, pour sortir du problème. Le rire du patient accompagne généralement cette thérapie, surtout au moment où le retour à la réalité s'annonce.

Il est évident qu'il faut être très bien formé pour se risquer à ce type de thérapie, sous peine de voir se produire de véritables catastrophes, si le patient prend les propos du théra-

---

19. E. Höfner et H.-U. Schachtner, *Das wäre doch gelacht !*, Rowohlt, Reinbek, 1995. On retrouve des idées proches dans la thérapie paradoxale pratiquée par les psychologues de l'"École de Palo Alto" et par la "logothérapie", mise au point par V. Frankl.

peute au pied de la lettre. Cette forme de thérapie basée sur la provocation humoristique exige aussi certaines qualités : une attitude bienveillante, un esprit sage et serein, une empathie avec les sentiments et les pensées du patient, sans jugement de valeur, et enfin une sensibilité aux paradoxes et à l'absurde contenus dans ces sentiments et pensées.

D'autres psychologues se sont également intéressés à l'effet thérapeutique de l'humour. Joseph Richman relève pour sa part douze domaines de proximité entre l'humour et la thérapie, dont une atmosphère positive et acceptante, la communication d'idées interdites et cachées, le changement de perspective, la réduction de l'anxiété et du stress [20]. Mais il tient aussi à préciser que la première règle à adopter par ceux qui voudraient utiliser l'humour en thérapie est précisément de ne pas essayer de s'en servir. « Ne le forcez pas, écrit-il, et si vous avez quelque doute, ne le faites pas [21]. »

La plaisanterie, une soupape au stress

« Le plus important de tout est que nous avons beaucoup ri ensemble. » Cette remarque n'a pas été exprimée par quelqu'un sortant d'une fête ou d'une pièce de théâtre comique, mais par l'astronaute américaine Lucid Shannon [22]. Elle a volé pendant plusieurs mois dans le vaisseau spatial Mir au sein d'un équipage de trois personnes, un Russe, un Ukrainien et elle-même. S'interrogeant sur ce qui avait permis la réussite d'une entreprise aussi difficile et stressante, elle notait bien entendu certaines aptitudes des membres de cette équipe : la capacité de communiquer, de résoudre des problèmes, une excellente condition physique et mentale, des compétences

20. J. Richman, « Points of correspondence between humor and psychotherapy », *Psychotherapy*, hiver 1996, vol. 33, n° 4, p. 560-566.
21. *Ibid.*, p. 560.
22. L. Shannon, « Six months on Mir », *Scientific American*, mai 1998, p. 53.

techniques et une formation à toute épreuve. Mais qui aurait pensé que le fait de rire ensemble soit si important pour une équipe d'astronautes ?

L'humour aide effectivement à supporter certaines circonstances particulièrement stressantes. Témoin, cette anecdote qui s'est déroulée dans un hôpital. Une infirmière va chercher un balai dans un appentis isolé et se retrouve face à un pendu. Au cours d'une pause, elle raconte l'histoire à ses collègues qui, bien entendu, lui demandent comment elle a réagi. Réponse : « J'ai simplement sorti les ciseaux de ma blouse et j'ai coupé la corde. » Hilarité générale. Selon Pascale Molinier, chercheuse au Centre national des arts et métiers, qui raconte le fait, ces petites plaisanteries permettent aux infirmières de dépasser la réalité souvent difficile de leur travail, sans la refouler. Selon elle, ce dépassement constitue même une véritable compétence professionnelle, qui échappe à toute évaluation classique [23].

À ce stade de notre réflexion, rappelons le phénomène vital de l'humour des opprimés, par exemple des peuples qui subissent une dictature, qu'elle soit de gauche ou de droite. Ainsi, l'humour ne sert pas seulement de défense face à une souffrance individuelle, mais aussi de moyen de résistance à un malheur collectif.

Le psychiatre Victor Frankl, dont j'ai relaté l'expérience au chapitre précédent, a souligné qu'il y avait dans les camps de concentration nazis des gens qui arrivaient à conserver un certain sens de l'humour. « Même s'ils ne le manifestaient qu'assez rarement, écrit-il, cet humour était une arme défensive très efficace. On sait que l'humour aide à garder une certaine distance à l'égard des choses et qu'il

---

23. P. Molinier, « Un éclairage psychodynamique de la notion de compétence ; à partir d'une analyse de la coopération infirmière », *Éducation permanente*, 1997, vol. 132, n° 3.

permet de se montrer supérieur aux événements, ne fût-ce que pour quelques instants [24]. »

Durant son enfermement, lui-même décide avec un ami d'inventer au moins une histoire amusante par jour, dont le sujet devait être basé sur ce qui allait leur arriver après leur libération. Cet ami avait été jadis assistant chirurgien dans un grand hôpital. Un jour, V. Frankl essaie donc de le faire rire en lui décrivant ce qui risque de se passer lorsqu'il reprendra son ancien travail, mais en ayant parfois l'impression de se trouver encore au camp. Dans le camp, le contremaître ordonnait sans cesse aux prisonniers de travailler plus rapidement : « Plus vite ! Plus vite ! » criait-il en permanence. « Un jour, dit Frankl à son ami, tu seras de retour à la salle d'opération, en train d'opérer quelqu'un à l'abdomen lorsque, soudain, un garçon de salle entrera à toute vitesse pour annoncer le chirurgien en chef. Il surgira dans la salle d'opération en criant : "Plus vite ! Plus vite !" [25] »

L'humour des opprimés peut être assez virulent, lorsqu'il ridiculise le pouvoir auquel il s'oppose. En témoigne cette plaisanterie. Sous une dictature militaire, le commandant suprême des forces armées contrôle les salaires des généraux. À la fin, il fait remarquer : « Tout ceci est très bien, mais pourquoi le général Total gagne-t-il tant ? »

Cette forme d'humour transgresse les règles du jeu imposées par les hommes au pouvoir, mais de façon non violente, car l'opprimé a une référence éthique différente. Loin d'être une fuite, cet humour exprime une pleine reconnaissance de la réalité, c'est-à-dire non seulement du caractère destructeur du pouvoir en place, mais aussi des valeurs à préserver. Il instaure de plus un espace de liberté et de détente, indispensable dans une situation d'oppression. Cela permet de

---

24. V. Frankl, *Découvrir un sens à sa vie*, Montréal, Éditions de l'Homme / Actualisation, 1988, p. 60.

25. *Ibid.*, p. 60-61.

souffler un peu quand les choses vont mal. L'humour des opprimés n'est pas forcément fataliste, dans la mesure où il ne dissimule pas l'objectif ultime à atteindre, en l'occurrence la libération, mais reconnaît que le cheminement peut encore être long.

J'ai rencontré une forme très particulière de cet humour en Inde. Une personne travaillant avec les enfants utilisés comme serviteurs dans les familles aisées m'expliquait comment certains d'entre eux sont soumis à d'énormes pressions pour renoncer à leurs valeurs d'origine et adopter celles de la classe moyenne. Les enfants qui résistent le mieux sont précisément ceux qui se moquent des valeurs qu'on essaie de leur imposer.

De plus, comme l'humour individuel, l'humour collectif n'a pas qu'une fonction défensive, il peut également constituer un puissant ciment social. C'est au fond un signe d'acceptation mutuelle, qui confère un sentiment d'appartenance.

Le déni, une réaction parfois nécessaire

L'humour est probablement la stratégie d'ajustement la plus adaptée, mais ce n'est pas la seule. Le déni est aussi une réaction assez fréquente chez les personnes vivant un traumatisme inattendu. Il consiste à refuser une réalité perçue comme dangereuse ou trop douloureuse. Une mère qui apprend au téléphone que son enfant est mort renversé par une voiture n'arrive pas à croire cette nouvelle, un jeune à qui le médecin annonce qu'il est séropositif affirme qu'il y a certainement confusion avec le test d'une autre personne.

Ainsi, un homme de quarante ans, atteint du cancer, se souvient : « Ça devait être grave... un cancer, non, ce n'était pas possible ! Tout ce qu'on disait autour de moi, je l'entendais et je n'avais pas l'impression que ça s'adressait à moi. J'avais l'impression d'être dans la peau d'un autre, je n'étais plus moi et pourtant c'était moi [26]. »

26. G.-N. Fischer, *Le ressort invisible. Vivre l'extrême*, Paris, Seuil, 1994, p. 85.

L'entourage est souvent plutôt réservé, voire franchement critique face à ce refus de « voir les choses en face », et les psychologues y ont longtemps vu un comportement pathologique. Mais les mentalités changent et l'analyse devient plus nuancée. Pour Gustave-Nicolas Fischer, professeur de psychologie sociale à l'université de Metz, qui a recueilli le témoignage ci-dessus, le déni face à une situation extrême n'a rien de pathologique, mais constitue au contraire le premier temps de l'adaptation. En effet, ce type de situation provoque un bouleversement tel qu'il fait vaciller les bases mêmes sur lesquelles repose notre vision du monde. Dès lors, le déni constitue « une sorte de sursaut, afin d'assurer, face au choc, la survie psychique ; [...] en neutralisant une partie de la réalité traumatisante, on aménage la possibilité de l'affronter ; en anesthésiant une partie du moi, on le préserve [27] ». Ce mécanisme de défense permet donc à la personne de ne pas s'effondrer en cédant au désespoir et à la panique, et de reporter à plus tard la nécessaire adaptation à la réalité.

Habituellement, le déni diminue progressivement d'intensité, pour disparaître en quelques heures, voire en quelques jours ou semaines. Là, en revanche, où il pose réellement problème, c'est lorsqu'il se prolonge durablement et qu'il nous induit en erreur, ce qui peut entraîner de graves conséquences. Par exemple, certaines femmes, remarquant une petite boule au sein, se persuadent qu'il ne s'agit que d'un kyste bénin, ce qui leur évite d'aller consulter [28]. On imagine aisément l'impact dramatique d'un tel déni s'il s'agit d'un cancer.

Je me souviens d'un cas impressionnant de déni frisant la pathologie mentale. Un jeune homme sous les drapeaux, qui avait perdu son père mais n'arrivait pas à accepter cette réalité, demandait quasi systématiquement à sa mère, lors de

27. *Ibid.*, p. 85.

28. J. Katz *et al.*, « Stress, distress, and ego defenses. Psychoendocrine response to impending breast tumor biopsy », *Archives of General Psychiatry*, août 1970, vol. 23, p. 131-142.

ses permissions : « Il est où papa, il est à l'atelier ? » Cela a duré un an. Un an de refus de l'évidence, jusqu'au jour anniversaire du décès. Le jeune homme passe alors la soirée avec des amis. À minuit, la fête bat son plein, les esprits sont échauffés par l'alcool ; c'est alors qu'il entend un ami lancer : « Ça y est, on est le 17 décembre. » Il blêmit et réalise soudain que son père est mort juste un an avant. Il s'effondre en larmes et tente de se suicider quelques minutes plus tard en fonçant tête la première contre un mur.

L'évitement est une réaction proche du déni, mais avec un caractère plus volontaire, moins inconscient. Il peut prendre de multiples formes : le renoncement à la responsabilité personnelle, la procrastination (qui consiste à remettre à plus tard ce que l'on devrait faire maintenant), l'absentéisme au travail, le refuge dans la distraction, etc. [29]. Il présente l'avantage de réduire le stress, mais a pour contrepartie de ne pas inciter à s'engager dans l'action pertinente. Inversement, les stratégies d'« approche », telles que la vigilance et la recherche active d'informations, l'attention aux signaux d'alarme, etc., présentent l'avantage de pousser à l'action et à la résolution du traumatisme, mais elles ont comme inconvénient d'augmenter le stress et l'anxiété, parfois inutilement.

Il peut cependant arriver que l'évitement ne réduise en rien le stress. Ainsi, une étude menée auprès de deux cents infirmières thaïlandaises a montré que certaines d'entre elles, insatisfaites de leur travail et fortement stressées, évitaient souvent le contact avec les malades et souhaitaient que ceux-ci les laissent tranquilles [30]. Mais cet évitement ne diminuait en rien le sentiment de stress.

---

29. S. Roth et L. J. Cohen, « Approach, avoidance, and coping with stress », *American Psychologist*, juillet 1986, vol. 41, n° 7, p. 813-819.

30. P. D. Tyson et R. Pongruengphant, « Avoidance as a coping strategy for nurses in Thailand », *Psychological Reports*, octobre 1996, vol. 79, p. 592-594.

« Ça pourrait être pire ! »

On peut toujours trouver pire situation que celle dans laquelle on se trouve. La minimisation est une autre réaction assez fréquente face à un traumatisme grave. En voici un exemple représentatif. Le journaliste et écrivain Philippe Labro a été victime d'une maladie qui l'a conduit en salle de réanimation pendant dix jours [31]. Au réveil, il réfléchit sur son sort : « Ce n'est rien. Essaie de comparer et de mettre en perspective. Imagine-toi ce qu'ont été, ce que doivent être et ce que seront les épreuves, les souffrances, les calvaires et les labeurs des grands cancéreux, des sidéens, des cœurs qui flanchent et que l'on triple-ponte ou quadruple-ponte, les paralysies, les atteintes au cerveau, aux glandes, au sang. Imagine les autres. Tu n'as rien vécu de tellement dramatique, au fond [32]. »

Il élabore alors une petite stratégie personnelle, en quatre étapes, pour aborder la douleur : il lui faut tout d'abord la reconnaître, puis l'accepter, essayer ensuite d'en sortir, et enfin parvenir à la dépasser. Il estime alors posséder un mètre étalon de la douleur, une boussole interne qui lui permet de ne pas perdre le cap et l'aide à relativiser. « Quand on a autant souffert, écrit-il, on ne souffre plus. J'accueille les aides-soignantes avec le sourire de celui qui sait. Je ferme les yeux, on me pique une veine, je n'ai rien senti. Ce n'est pas important. Quand on a autant eu peur, on ne peut plus avoir peur [33]. »

En interviewant des femmes atteintes d'un cancer du sein, Shelley E. Taylor, Joanne V. Wood et Rosemary R. Lichtman, de l'université de Los Angeles, ont constaté que la « comparaison descendante » (c'est-à-dire avec des personnes encore plus infortunées) était une réaction fréquente [34]. À leur grande

31. P. Labro, *La traversée*, Paris, Gallimard, 1996.
32. *Ibid.*, p. 195.
33. *Ibid.*, p. 204.
34. S. E. Taylor, J. V. Wood et R. R. Lichtman, « It could be worse : selective evaluation as a response to victimization », *Journal of Social Issues*, vol. 39, n° 2, p. 19-40.

surprise, ces psychologues ont découvert que pratiquement toutes ces femmes estimaient aller aussi bien ou mieux que les autres cancéreuses. Seulement 2 femmes sur 78 ont dit aller moins bien.

Par exemple, plusieurs femmes à qui l'on avait retiré la tumeur, sans leur enlever le sein, se comparaient généralement aux femmes ayant subi une mammectomie. L'une d'elles a ainsi déclaré : « En comparaison, j'ai eu peu de chirurgie. Ça doit être vraiment affreux pour les femmes qui ont une mammectomie [35]. » Mais une femme à qui l'on avait précisément enlevé un sein déclarait de son côté : « Ce n'est pas tragique. Mais si la chose s'était répandue partout dans mon corps, j'aurais une histoire bien différente à vous raconter [36]. » Une autre affirmait : « Il y a des choses plus graves qui peuvent arriver, qui endommagent plus le corps. Vous pouvez perdre un bras, une jambe, une oreille, un œil, vous savez. C'est un enfer bien pire [37]. » En revanche, aucune patiente ayant subi une mammectomie ne se comparait à celles à qui l'on avait simplement enlevé la tumeur. Quant aux femmes qui se trouvaient dans la pire situation, elles se consolaient en se disant qu'elles n'étaient pas mourantes ou qu'elles ne souffraient pas trop.

De la même manière, une femme de soixante-treize ans affirmait que perdre un sein devait être bien plus difficile pour une jeune femme que pour elle. Alors qu'une jeune femme mariée estimait pour sa part que sa situation était bien plus facile à accepter que pour une personne qui commence à fréquenter un ami. Au final, chacune pouvait se considérer comme étant dans une situation préférable à celle des autres, du moment qu'elle choisissait le « bon » critère de comparaison.

35. *Ibid.*, p. 29.
36. *Ibid.*, p. 29.
37. *Ibid.*, p. 30.

Les victimes peuvent non seulement se rassurer en se comparant à d'autres personnes plus malchanceuses qu'elles, mais également en comparant leur état à une situation hypothétique pire qui pourrait leur être arrivée. S. Taylor et ses collègues fournissent plusieurs exemples de ce type de réaction. C'est le cas d'une personne victime d'un accident de voiture, et qui déclare : « J'ai eu beaucoup de chance. Un fragment de seconde plus tard et la voiture aurait percuté ma porte et m'aurait tué [38]. » Ou encore cette autre personne qui affirme, après que sa maison a été détruite par une tornade : « Nous avons eu beaucoup de chance. Dieu a arrêté cette chose juste avant qu'elle ne nous arrive dessus. S'il ne l'avait pas fait, nous serions tous morts. »

La relativisation de la situation personnelle par comparaison à celle des autres semble cependant constituer une attitude limitative aux yeux de certains. C'est précisément l'expérience que vécut Anne Frank. Cachée dans un réduit avec sa famille pour échapper aux Allemands, elle réfléchissait sur le sens ou le non-sens de la vie que cette guerre lui imposait. Un jour, sa mère lui conseille de penser, dans les moments difficiles, à tous les gens qui subissent un sort pire que le sien, qui souffrent plus que sa propre famille. Mais Anne estime que cette attitude manque de profondeur, voire même de respect pour les autres. Elle pense qu'il faut toujours chercher un point, même infime, pour lequel on peut rendre grâce. Et puisqu'elle ne peut pas sortir, elle décide d'être reconnaissante pour le petit carré de lucarne qui lui permet de voir le soleil dans le ciel. Cette attitude n'a rien de fataliste, au contraire. Anne reconnaît le non-sens de sa situation et ne le justifie pas, mais sachant qu'elle ne peut pas la modifier pour l'instant, elle cherche avec passion à s'appuyer sur tout élément positif qui reste à sa disposition.

---

38. *Ibid.*, p. 31.

Une autre stratégie mentale, signalée par S. Taylor, consiste à tirer des bénéfices de l'événement subi. Une telle réaction a pu être observée chez des personnes ayant subi divers types de traumatismes : veuves, grands brûlés, handicapés, parents d'enfants cancéreux, victimes de catastrophe naturelle, etc. Nous avons déjà noté au chapitre 3 que beaucoup de personnes ayant une maladie grave réévaluent leurs priorités, en accordant plus d'importance aux relations avec leur conjoint, leurs enfants et leurs amis qu'auparavant. Le tiers des patientes interviewées par S. Taylor déclarait vivre une expérience bénéfique de ce genre comme conséquence du cancer. L'une d'elles a même affirmé : « C'est vraiment étrange qu'il soit nécessaire de vivre quelque chose d'aussi grave pour réaliser cela[39]. »

Tenir ses émotions à distance

Le contrôle des réactions affectives est un autre processus à double face. Il facilite la résistance au stress, mais présente souvent l'inconvénient d'endurcir la personne, de l'isoler de son environnement social. Là encore, tout est question d'équilibre ; un peu de distanciation affective est bénéfique, trop devient problématique. Toute la difficulté est donc d'arriver à filtrer les événements extérieurs pour en atténuer l'impact, sans perdre pour autant la capacité de réagir émotionnellement.

Michel Lemay, professeur de psychiatrie de l'enfant et de l'adolescent à l'université de Montréal, cite le cas de Josué, neuf ans, qui a toujours vécu dans un foyer dominé par l'alcoolisme, avec ruptures et réconciliations inexplicables, et qui a subi des violences physiques et sexuelles de la part de ses deux parents[40]. Il vit maintenant dans une famille

---

39. *Ibid.*, p. 33.

40. M. Lemay, « Résister : rôle des déterminants affectifs et familiaux », in B. Cyrulnik (dir.), *Ces enfants qui tiennent le coup*, Hommes et perspectives, 1998, p. 28.

d'accueil, tout en gardant des liens avec sa famille d'origine. M. Lemay se dit impressionné par la capacité qu'a eue cet enfant de sauvegarder ses facultés relationnelles, cognitives et motrices. Il sourit aux personnes qu'il rencontre et fait preuve de gentillesse, mais maintient malgré tout en permanence «une sorte d'écran et de brouillard entre lui-même et l'interlocuteur».

Cette distanciation protectrice dure parfois de longues années. Anny Duperey, orpheline de ses deux parents à l'âge de huit ans, raconte que lorsqu'elle avait une vingtaine d'années, elle avait décidé de vivre indépendante, libre de tout lien affectif et de toute projection dans le futur. «C'est à ce prix, flottante et imperméable, que je gardais ma force. Et c'en était une d'ailleurs, car si cet état d'apesanteur me laissait artistiquement et humainement en friche, il m'évitait déceptions et désillusions [...] j'étais pratiquement invulnérable. N'ayant rien à perdre, j'écartais ainsi tout danger de souffrir [41].»

Certes, elle n'avait pas oublié la mort de ses parents, mais avait évacué toute émotion douloureuse à ce sujet et n'en parlait jamais. Et si, par malheur, quelqu'un risquait de détruire cette carapace de verre en l'interrogeant, elle répondait froidement: «Ils sont morts, oui et après? Je n'en souffre pas du tout.» Réaction qui suscitait inévitablement de l'étonnement chez l'interlocuteur. Anny Duperey avait alors une deuxième flèche prête à l'emploi. Elle affirmait bien haut que cette perte l'avait rendue précocement autonome, totalement libre de ses actes et que c'était très bien ainsi.

Cette période lui a certainement été nécessaire pour récupérer et assumer en profondeur, sous le masque de l'indifférence, la douleur infinie de la perte. Heureusement, elle pourra finalement, au cours des années qui suivront, laisser vraiment libre cours à ses émotions. Celles-ci lui feront mal,

41. A. Duperey, *Le voile noir*, Paris, Seuil, 1992, p. 117-118.

certes, mais pourront néanmoins se manifester sans la faire sombrer dans le désespoir.

On retrouve cette indifférence émotionnelle dans un contexte très différent, celui du camp de concentration, avec à nouveau les vertus positives et négatives d'une telle réaction. Le psychiatre V. Frankl précise qu'après une première phase assez courte d'intense choc émotionnel, les prisonniers passaient au stade de l'indifférence et de l'insensibilité aux émotions. Par exemple, ils ne détournaient plus les yeux lorsqu'ils voyaient leurs compagnons d'infortune subir un châtiment quelconque. Ils étaient devenus insensibles aux émotions, indifférents à tout. Rentrer dans leur coquille leur évitait d'être atteints psychologiquement par les drames qui se jouaient autour d'eux. L'indifférence « faisait partie du mécanisme d'autodéfense de chaque prisonnier. La réalité s'estompait alors, et il pouvait concentrer tous ses efforts sur une seule chose : sauver sa peau et aider ses compagnons à sauver la leur [42]. »

Réaction utile de survie donc, mais qui comporte aussi sa face noire, puisque cette réaction, nous dit V. Frankl, réduisait également la vie intérieure du prisonnier à un état quasi primaire.

De belles histoires

Terminons ce tour d'horizon par l'une des attitudes les plus universellement répandues, la rêverie diurne. S'évader de temps en temps est une activité très fréquente chez l'être humain, et probablement encore plus chez les personnes résilientes. Freud estimait qu'il ne s'agissait que d'un refuge et que l'homme heureux ne s'y livre jamais. Sur ce point aussi, les mentalités ont profondément évolué, puisque Daniel Lagache, un psychanalyste français réputé, affirme pour sa

42. V. Frankl, *Découvrir un sens à sa vie*, *op. cit.*, p. 47.

part qu'il s'agit là d'une dimension essentielle de l'âme humaine et que, sans vie imaginaire, l'homme resterait, comme l'animal, englué dans le présent et dans la stricte matérialité des choses [43].

Mais, bien avant ces propos, Pierre Janet, un psychologue français contemporain de Freud, décrivait longuement ces « belles histoires qui font oublier la plate réalité et nous donnent le courage de travailler à la transformer [44] », anonçant de façon très étonnante l'esprit de la résilience. C'est souvent en s'imaginant un avenir meilleur que les enfants résilients ont pu supporter un présent intolérable.

David est un homme résilient qui a été durement maltraité dans son enfance. À cinq ans, il se sentait désespéré et souhaitait mourir. Un jour, il décide de se pendre au tourniquet du terrain de jeux de l'école. Il passe une corde autour de son cou et l'attache au tourniquet. Puis il court et pousse le dispositif. Résultat, il tombe et le tourniquet s'arrête. Il reste quelques instants par terre à contempler le ciel, puis a une sorte de vision : « J'ai vu mon avenir, comme dans un film. Ma vie se déroulait sous mes yeux, à partir de cet instant précis [...]. Lorsque je suis arrivé au moment où j'avais seize ans, je me suis vu suffisamment grand pour quitter la maison. J'ai vu que mes parents ne pourraient plus avoir de prise sur moi. Alors, je me suis relevé et je suis rentré à la maison. Je savais qu'à seize ans je pourrais passer la porte d'entrée exactement comme je venais d'en avoir la vision [45]. »

Quant à Robert, onze ans, qui se trouve également dans une situation familiale très difficile, il raconte : « Quand je vais mal, j'entre dans ma chambre puis j'entre dans une bulle. Elle a une petite porte que je peux ouvrir si je le veux. La bulle est pleine d'odeurs, de bruits de tic-tac et il y a de la

---

43. D. Lagache, « Fantaisie, réalité, vérité », in *De la fantaisie à la sublimation, Œuvres,* vol. 5 (1962-1964), Paris, PUF, p. 73-76.

44. P. Janet, *Névroses et idées fixes* (1889), Paris, Société Pierrre Janet, 1990. Cité par S. Ionescu *et al.*, *op. cit.*, p. 249.

45. S. Edwards, *Des hommes qui aiment*, Paris, Bayard Éditions, 1996, p. 79-80.

douceur dans le coin gauche[46]. » Quand le psychologue qui l'écoute lui demande de dessiner son univers personnel, Robert esquisse une maison, située au sommet d'un arbre, qu'il entoure d'un sytème complexe de protection électronique, avec radar, antenne de télévision, alarme, etc. « Plus on est petit, dit-il, plus il faut se protéger [...] quand on est ainsi protégé, on voit la vie en rose[47]. »

Des propos en apparence inquiétants, qui pourraient laisser supposer que Robert est gravement déconnecté de la réalité. Et pourtant, pas tant que ça, en fin de compte, car il a bien conscience que toute cette représentation constitue une protection face à un environnement trop lourd pour lui. En effet, après avoir dessiné son univers fantasmatique, il prend une autre feuille et dessine un seul personnage tout en bas de la feuille, qu'il tend au psychologue en souriant et en disant : « Je suis bien seul. »

Je partage donc le point de vue de la psychanalyste Selma Fraiberg, qui affirme que « l'enfant qui se sert de son imagination et des êtres qui la peuplent pour résoudre ses problèmes est un être qui œuvre pour sa propre santé mentale. Il peut maintenir ses liens humains et son bon contact avec la réalité, tout en conservant son univers imaginaire[48]. »

La rêverie est donc une activité normale chez l'être humain, qu'il soit enfant ou adulte, et qui devient quasiment une nécessité lorsqu'il est plongé dans un environnement traumatisant. Elle n'est pathologique que dans l'excès, lorsque l'individu ne vit plus que dans l'imaginaire.

Bruno Bettelheim fournit un exemple de ce type de situation, dans laquelle la rêverie n'a plus une fonction constructive, libératrice, mais détourne radicalement de la réalité. Il raconte que les prisonniers des camps de concentration fuyaient presque constamment la réalité et avaient tendance

46. M. Lemay, « Résister... », *op. cit.*, p. 28-29.
47. *Ibid.*, p. 29.
48. Cité par S. Ionescu *et al.*, *op. cit.*, p. 255.

à se laisser aller à des rêveries mégalomaniaques. « Ce qui était grave, écrit B. Bettelheim, c'est que très rapidement, ils n'arrivaient plus à distinguer le rêve de la réalité [...] très souvent, ils choisissaient purement et simplement de rêver éveillés au lieu de vivre [49]. » C'est ainsi que des rumeurs circulaient très souvent sur d'éventuelles améliorations du régime concentrationnaire ou sur une libération prochaine. Créées pour soulager les souffrances, elles avaient en fait pour conséquence d'affaiblir la capacité de jugement des prisonniers. Pis encore, elles devenaient cruelles, en décevant l'espérance qu'elles avaient fait naître.

Chez l'enfant, la rêverie prend souvent la forme du jeu, qui constitue parfois un puissant auxiliaire de résilience. Ainsi, des survivants du ghetto de Varsovie ont témoigné du fait que le jeu ne fut pas seulement un stimulant de la joie, mais aussi une expression de liberté, dans la mesure où chaque jeu permet beaucoup de créativité à l'intérieur même de ses règles [50]. Le projet Nanban, un partenaire du Bureau international catholique de l'enfance dans le sud de l'Inde, qui travaille avec les enfants de la rue, a organisé un « carnaval de la résilience ». Il s'agissait d'une fête à la campagne, avec des interventions et des jeux, inspirée par l'idée de résilience et le schéma de la *casita* (présentée en annexe). Cette fête a facilité les relations entre éducateurs et enfants, de façon inespérée. Les enfants ont senti que ces adultes leur portaient un intérêt sincère et les ont ainsi perçus comme de véritables êtres humains. De leur côté, les membres du personnel ont eux aussi grandement bénéficié de ces moments de détente, au point que certains qui avaient envie de tout abandonner se sont sentis redynamisés.

Voici encore une belle histoire qui montre que les occasions de construire la résilience sont parfois inattendues.

---

49. B. Bettelheim, *Le cœur conscient*, Paris, Hachette, 1997, p. 264-265.
50. G. Eisen, *Children and Play in the Holocaust. Games among the Shadows*, Amherst, University of Massachusetts Press, 1988.

Dans un village suisse, un homme est mis à la retraite pour des raisons de santé. À la défaillance physique, s'ajoute bientôt la déprime. Sa femme, malgré tous ses efforts, ne parvient pas à le sortir de cet état dépressif. C'est alors qu'il se découvre un intérêt pour les images collées sur les couvercles des petits pots de crème à café. Il reprend goût à la vie et se construit peu à peu une des plus belles collections suisses. Mais l'histoire ne s'arrête pas là. Grâce à sa collection, il entre en contact avec plusieurs enfants du village qui partagent la même passion. La vie semble repartir pour cet homme qui n'avait jamais pu combler son désir d'enfant. S'il est facile de discerner les éléments propres à la résilience – l'acceptation, le projet, les relations, les compétences, l'estime de soi... –, l'histoire n'en part pas moins d'un objet insignifiant et nous montre avant tout la richesse de la vie.

La conclusion qui se dégage de ces témoignages individuels et des recherches scientifiques est assez claire. Les mécanismes de défense ou, de façon plus élaborée et volontaire, les stratégies d'ajustement constituent des processus quasiment indispensables pour survivre aux situations traumatisantes. Mis en place spontanément par les victimes, ils constituent une sorte de filtre permettant de faire face à ce type de situations. Mais tous ont également leur revers lorsqu'ils sont utilisés à l'excès ou qu'ils durent trop longtemps.

La résilience intègre en quelque sorte les stratégies « positives » d'ajustement dans une large perspective, plus permanente, dans une dynamique de projet à moyen et long terme. Navigation parfois incertaine entre de multiples écueils, elle permet à l'individu d'intégrer les événements traumatisants de son existence, mais d'une manière atténuée, afin qu'ils ne déséquilibrent pas trop sa personnalité et laissent la porte ouverte à une nouvelle croissance.

5

« Et si j'en étais capable... »

Oksana. Ce prénom ne vous dit-il rien ?

Mais si, rappelez-vous, Oksana Baiul, championne olympique de patinage artistique en 1994, à l'âge de dix-sept ans. Cette jeune femme, parvenue au sommet de l'élite sportive, aurait pourtant pu suivre une tout autre voie, étant donné les multiples pertes affectives qu'elle a subies. Née en Ukraine le 16 novembre 1977, elle n'a encore que deux ans quand son père disparaît du foyer conjugal sans laisser d'adresse. Elle est élevée dans un petit appartement par sa mère et sa grand-mère, et commence à patiner dès l'âge de quatre ans. Ses talents se révèlent très tôt, puisqu'elle gagne sa première compétition à sept ans. Mais le destin va s'acharner sur elle. Quand elle a dix ans, son grand-père meurt, un an après c'est au tour de sa grand-mère. Et quand elle a treize ans, sa mère décède d'un cancer !

Comme elle se retrouve seule à la maison, son entraîneur lui propose de venir vivre dans sa famille. Jusqu'au jour où il part au Canada pour y continuer sa carrière, laissant Oksana à nouveau seule. Le salut viendra finalement de Galina Zmievskaya, célèbre femme entraîneur, qui conduit excellemment la destinée de Viktor Petrenko, champion du monde et olympique. Oksana trouve enfin sa place dans ce monde et s'épanouit pleinement dans cette famille d'adoption. Elle s'entraîne avec acharnement, devient championne d'Ukraine, puis médaille d'argent aux championnats d'Europe, et enfin médaille d'or aux championnats du monde.

Mais s'approche la plus importante compétition de sa vie : les Jeux olympiques d'hiver 1994. Oksana a choisi un morceau du *Lac des cygnes* pour le programme court. Ne commettant aucune faute, elle obtient la seconde place. Mais elle est victime d'un dernier coup du sort. En s'entraînant pour la performance finale, elle heurte une patineuse allemande. Malgré une blessure à la jambe et des douleurs dorsales, elle s'élance quelques heures plus tard sur la glace, réussit la meilleure performance du jour et devient ainsi championne olympique.

On ne peut qu'être admiratif devant un tel parcours. Les épreuves de la vie n'ont pas détruit la volonté de vivre et de réussir d'Oksana Baiul. Convaincue de sa valeur et soutenue par son entraîneur, elle a puisé en elle la force de vaincre. Il est même possible que l'habitude qu'elle a acquise très jeune de vaincre les obstacles de l'existence lui ait insufflé l'ultime énergie qui l'a conduite sur la plus haute marche du podium.

Il ne s'agit évidemment là que d'une hypothèse. Pourtant, examinez ce fait troublant : les principales concurrentes d'Oksana Baiul au titre olympique avaient elles aussi connu une enfance perturbée. Surya Bonaly, abandonnée après sa naissance, a été adoptée à l'âge de huit mois. Sa mère adoptive est d'ailleurs devenue son entraîneur officiel. Tonya Harding a eu un père alcoolique et une mère en détresse, qui s'est mariée six fois. Quand elle était jeune, elle collectait les bouteilles vides afin de trouver de l'argent de poche pour patiner. Quant à Nancy Kerrigan, sa maman est devenue aveugle à la suite d'une maladie virale à l'œil alors qu'elle-même n'avait qu'un an.

Les exemples sont d'ailleurs nombreux de personnes qui ont fait de leurs souffrances enfantines un tremplin pour se projeter dans l'avenir. André Haynal, professeur de psychiatrie à la faculté de Genève, a constaté que les orphelins sont surreprésentés parmi les personnages célèbres[1]. Il cite notamment une étude montrant que sur vingt-quatre premiers ministres britanniques, de Wellington à Chamberlain, quinze étaient orphelins. Selon lui, faire preuve de ténacité et ressentir les frustrations et les traumatismes comme des défis constituent des facteurs de résilience.

Précisons cependant que la célébrité n'est pas nécessairement synonyme de résilience, et qu'inversement la plupart des personnes résilientes le sont dans la discrétion. Certains individus font payer très cher aux autres leur combat contre l'adversité, notamment par leur violence ou leur intolérance, ou à eux-mêmes, par leur tendance obsessionnelle à s'investir excessivement dans l'action. Et trop nombreuses sont malheureusement les personnes qui, après une enfance difficile, s'en sortent « à la force des poignets » et manifestent alors un mépris impressionnant à l'égard de ceux qui n'ont pas la même volonté. Dans ces cas, il est difficile de parler de résilience, puisque celle-ci comporte l'idée de bonne adaptation sociale.

Quand l'estime de soi est réduite à néant...

Dans les chapitres précédents, nous avons déjà étudié quelques orientations qui peuvent inspirer des actions concrètes : l'acceptation de l'autre, la découverte de sens ainsi que l'usage raisonnable de certaines stratégies d'ajustement, en particulier l'humour. Dans le présent chapitre nous

1. A. Haynal, « Les orphelins savent rebondir », in B. Cyrulnik (dir.), *Ces enfants qui tiennent le coup*, Revigny-sur-Ornain, Hommes et perspectives, 1998, p. 45-59. Voir aussi P. Rentchnick, A. Haynal et P. de Senarclens, *Les orphelins mènent-ils le monde ?*, Paris, Stock, 1978.

aborderons essentiellement deux autres domaines qui agissent souvent en interaction, l'estime de soi et les compétences. On a identifié ces domaines en confrontant les résultats de recherches scientifiques et l'expérience pratique d'acteurs de terrain dans une grande variété de situations et de cultures.

Ce chapitre spécifique que je leur consacre ne doit pas induire en erreur. Car non seulement ces deux domaines agissent l'un sur l'autre, mais ils sont de plus très liés aux autres facteurs abordés dans ce livre. Par exemple, l'estime de soi, considérée par les scientifiques et par les praticiens comme un élément essentiel de la résilience [2], est souvent associée à l'acceptation par autrui et à la découverte d'un sens. Dans son livre déjà cité, Emmy Werner précise que l'estime de soi n'est pas nécessairement la conséquence de bonnes performances dans les études. La plupart des enfants résilients qu'elle a observés n'étaient pas spécialement talentueux, mais avaient des intérêts, des hobbies qui compensaient à leurs yeux les lacunes scolaires. Ou bien, ils participaient à des activités de groupe, ce qui limitait l'impact négatif de la situation familiale. L'estime de soi est aussi stimulée par la prise de responsabilité, facteur de résilience, comme je l'ai précédemment souligné.

De fait, l'estime de soi, besoin fondamental et universel, est un sujet qui suscite beaucoup d'intérêt chez les psychologues, les éducateurs et les professionnels de la santé mentale depuis une vingtaine d'années. Deux types d'expérience sont susceptibles de procurer à l'enfant les éléments nécessaires à la construction de l'estime de soi : la qualité de sa relation affective avec ses parents et ses propres réalisations. Ces deux aspects sont intimement liés, puisque les parents

---

2. Voir par exemple E. E. Werner et R. Smith, *Overcoming the odds*, Ithaca et Londres, Cornell University Press, 1992. B. Benard, « Protective factor research : what we can learn from resilient children », Prevention Forum, vol. 7, n° 3, mars 1987. M. Manciaux, *La résilience : mythe ou réalité ?, Clés pour devenir*, Lausanne, 11-13 octobre 1998.

peuvent complimenter l'enfant pour ce qu'il fait et donc stimulent ce dernier dans l'action. Les spécialistes de l'« attachement » ont constaté que les bonnes relations entre parents et enfants développent chez ces derniers la confiance en soi et en autrui. L'enfant qui vit avec des parents disponibles, affectueux et qui encouragent ses efforts se construit habituellement une image de lui-même aimable et compétente. Une large part de cette reconnaissance s'exprime d'ailleurs implicitement, sans passer par la parole, et de façon non intentionnelle. Un regard d'approbation en dit parfois bien plus qu'un long discours. C'est donc dans la vie quotidienne, au travers de paroles et de gestes positifs, que l'estime de soi se met en place.

Toutefois, cela n'a de sens que si cette attitude positive est sincère, si elle s'exprime non seulement par des encouragements fondés, mais aussi par des critiques constructives, l'objectif visé n'étant pas la perfection de l'enfant mais son épanouissement. Une valorisation trop marquée peut être mal perçue, surtout si elle n'apparaît pas authentique.

Les parents jouent donc un rôle essentiel dans la construction de l'estime de soi. Ou plutôt devraient jouer un rôle essentiel. Mais qu'en est-il lorsque les circonstances de la vie l'ont fortement réduite, voire quasiment détruite ? Est-il encore possible de la faire renaître et de la stimuler ?

Une visiteuse de prison bénévole m'a expliqué comment, dans ce milieu, chaque professionnel, même le mieux intentionné, qu'il soit gardien, avocat, psychologue, assistante sociale ou encore policier, a un certain projet en tête lorsqu'il rencontre le prisonnier. Il souhaite en quelque sorte que le prisonnier réponde à son attente. Vient alors la visiteuse bénévole, qui sort de ce cadre fonctionnel, surtout si elle reste fidèle aux prisonniers qu'elle visite. En fin de compte, elle vient parce qu'elle s'intéresse à la personne du prisonnier, sans rien en attendre de particulier. Elle n'a pas de formulaires ou de questionnaires à remplir, pas de défense à construire, ni de déplacement à organiser vers une autre cellule... Elle vient simplement parce que l'autre est là et qu'il a consenti à la recevoir.

Cette démarche de gratuité est bouleversante pour certains prisonniers qui expérimentent parfois pour la première fois de leur vie ce type de relation. Les gestes qui aident à soutenir la relation sont simples, comme le fait d'envoyer une carte d'anniversaire ou de confectionner un petit gâteau. Ces gestes, évidents pour tant de personnes, sont autant de « premières » dans la vie du prisonnier qui n'a jamais goûté auparavant ces petites marques d'attention. Cela conduit même certains prisonniers à une profonde réflexion sur eux-mêmes, qui touche particulièrement à l'estime de soi, souvent très altérée en milieu carcéral. Le détenu en arrive parfois à se dire : « Après tout, je ne suis peut-être pas totalement mauvais, il y a peut-être quelque chose de bon en moi. » Cela constitue ainsi le point de départ de la reconstruction de leur vie. C'est la résilience qui est alors activée ! Bien entendu, il ne s'agit pas d'une mécanique à toute épreuve, mais d'une dynamique de croissance de vie, d'amélioration de l'estime de soi.

N'oublions pas cependant que ce genre de démarche ne rend pas superflus les appuis professionnels, mais témoigne au contraire de la complémentarité entre différents types d'action, et de l'intérêt spécifique d'un bénévolat soigneusement conçu.

Se délivrer de la fausse culpabilité

Il existe diverses situations dans lesquelles des enfants victimes se considèrent à tort comme coupables, ce qui réduit fortement leur estime de soi. Hanita Zimrin, de l'université de Tel Aviv, a suivi pendant quatorze ans (de la petite enfance à la fin de l'adolescence) vingt-huit enfants qui avaient été maltraités au point de recevoir des soins médicaux, voire d'être hospitalisés [3]. Elle les a répartis en deux groupes, les « survivants » et les « non-survivants », en fonction de quatre critères : les résultats scolaires, le niveau d'adaptation à l'école ou au travail, la présence ou l'absence de problèmes psychologiques importants, enfin le niveau de réalisation de soi et l'élaboration de projets constructifs pour le futur.

Comparativement aux non-survivants, les survivants sont conscients de leurs ressources personnelles et de leur potentiel intellectuel, présentent une bonne image de soi et entretiennent un sentiment d'espoir pour l'avenir.

Par exemple, on constate une attitude très différente face au contrôle éventuel des événements traumatisants. Voici des propos entendus dans la bouche de non-survivants : « Je suis comme un punching-ball. Tout le monde cherche à me taper dessus. » Ou bien : « C'est mon destin, je ne peux rien faire à ce sujet. » Un enfant à qui l'on demande de se dessiner représente un épouvantail avec un oiseau frappant sur sa tête. Il exprime par là non seulement sa faible estime de soi, mais aussi son sentiment d'impuissance, puisque l'épouvantail ne peut rien faire pour s'échapper ou pour faire fuir l'oiseau.

Cette attitude passive est à l'opposé de celle des survivants. L'un de ces derniers raconte : « Aussi loin que je me souvienne, je courais toujours car j'avais peur que mon père ne m'attrape, même quand il n'était pas dans les environs. Partout où j'allais, je vérifiais systématiquement s'il y avait bien un moyen de m'échapper, au cas où. Je profitais du fait que j'étais petit et agile. » Une jeune fille explique qu'elle a travaillé comme bonne à partir de sept ans : « J'avais faim et j'avais besoin de livres pour l'école, et je savais que je n'en aurais pas si je ne gagnais pas mon argent moi-même. »

---

3. H. Zimrin, « A profile of survivors », *Child Abuse and Neglect*, 1986, vol. 10, p. 339-349.

Dans cette étude, les différences relatives à l'estime de soi sont particulièrement révélatrices. Par exemple, un jeune homme non survivant se désespère : « Quand Dieu rate quelque chose, il me le donne à chaque fois » ; et une jeune fille : « Ils ne me frapperaient sûrement pas comme ils le font si je ne le méritais pas. » Ce type de propos se retrouve fréquemment chez les enfants maltraités non résilients. Ils s'attribuent à tort l'origine du mal qu'ils subissent.

Très différente est la réaction des survivants. Ils ont en effet appris à établir une nette distinction entre ce qui leur est attribué et ce qu'ils sont vraiment, démarche qui leur a permis de maintenir une image de soi favorable. Roni, un jeune homme, raconte que sa mère le présentait aux invités par ces mots : « Est-ce que vous avez déjà vu quelqu'un d'aussi stupide que lui ? » Et si Roni se taisait, il n'en pensait pas moins : « Dans mon cœur, je me disais : "Ce n'est pas moi, c'est elle qui est stupide [4]." » Un autre garçon précise que même si tout lui paraissait terrible à la maison, il avait découvert à l'école qu'il avait de la valeur : ses résultats scolaires étaient excellents et les enseignants appréciaient son travail.

Aujourd'hui, divers programmes thérapeutiques en faveur d'enfants maltraités ou abusés sexuellement prennent en compte cet aspect essentiel, les professionnels insistant auprès de l'enfant sur le fait que, quels que soient les actes qui ont eu lieu, ce n'est pas sa faute. Celui-ci est bien victime, non coupable de ce qui s'est produit.

On constate fréquemment une culpabilité identique chez les femmes victimes d'inceste. Ce sont celles qui ont réussi à préserver une certaine estime de soi qui sont les plus résilientes. Elles considèrent généralement qu'il leur a été difficile, en tant qu'enfants, de donner un sens à ce qui leur arrivait. Mais avec le temps, elles ont pu reconnaître que tout cela n'était pas leur faute, qu'elles étaient des victimes

---

4. *Ibid.*, p. 344.

et que c'était bien l'agresseur qui était coupable [5]. Une femme a ainsi pris de la distance : « J'ai pu mettre l'abus en perspective comme une tranche de vie. Une mauvaise tranche, vous savez, un ver dans la pomme. Mais cela ne m'a quand même pas complètement détruite. »

Ce rejet de la responsabilité ne signifie pas nécessairement une absence totale de maîtrise de la situation. Certaines de ces personnes résilientes ont découvert tôt dans la vie leur pouvoir personnel de résister. Une femme a ainsi déclaré : « J'ai finalement compris que j'avais le pouvoir de dire non à mon père. » Plusieurs ont estimé qu'il était important de prendre des risques et de ne pas seulement traverser l'existence en errant sans but. Beaucoup tiennent des propos de ce type : « Prendre le contrôle de ma vie a été la plus importante décision que j'ai prise. »

Ces femmes attribuent parfois cette perception positive d'elles-mêmes au soutien apporté par d'autres personnes, ou bien à leur foi religieuse. Mais cette attitude peut également se forger de façon autonome : « Je suis devenue ma propre meilleure amie », dit l'une d'elles. Une fois de plus, une même réalité de fond peut se traduire sous plusieurs formes, ce qui permet d'énoncer un principe général, mais laisse libre cours à la diversité dans son expression concrète.

L'estime de soi est aussi très problématique pour les enfants soldats, à qui l'on a imposé de commettre des actes atroces [6]. Le stratagème, mis en œuvre dans plusieurs régions du monde, est radical. On les kidnappe dans leur village et on les enrôle de force, puis on leur fait commettre au plus tôt un crime (de préférence sur un de leurs proches), afin de les persuader qu'ils ne pourront plus jamais réintégrer leur

---

5. L. Valentine et L. Feinauer, « Resilience factors associated with female survivors of childhood sexual abuse », *The American Journal of Family Therapy*, 1993, vol. 21, n° 3, p. 216-224.

6. C. Monfajon, « L'après-guerre des enfants soldats », *Le Point*, n° 942, 8 octobre 1990, p. 148-152.

communauté. On comprend que dans de telles conditions, beaucoup soient poursuivis par un lourd sentiment de culpabilité. Abu Sultan, directeur mozambicain du bureau de l'organisation Save the Children, affirme ainsi : « Ils sont persuadés qu'on ne peut plus les aimer après ce qu'ils ont fait. Tous ont vu ou commis tellement d'atrocités qu'ils n'ont plus de goût à rien. Il est parfois difficile de les faire jouer : ils pensent que cela ne leur est plus destiné [7]. » Un aspect essentiel des programmes thérapeutiques est alors de leur faire prendre conscience qu'ils ne sont pas responsables, qu'ils n'avaient pas le choix et qu'ils ne sont donc pas à blâmer.

Un rapport du Bureau international catholique de l'enfance sur la réinsertion d'enfants soldats en Sierra Leone insistait sur la nécessité de rétablir l'estime de soi de ces garçons [8]. L'équipe d'intervention a considéré que l'estime de soi pouvait être reconstruite si on manifestait à leur égard une attitude d'acceptation, si on les traitait avec affection et respect, et si on attendait une certaine considération de leur part. Ce document précise en outre que l'estime de soi des enfants peut aussi être rétablie grâce aux activités scolaires et insiste sur le rôle essentiel des enseignants à cet égard.

Soulignons également l'importance de la famille. Au Mozambique, une équipe de Save the Children a pu constater que l'enfant évoluait beaucoup plus vite s'il avait la chance de sortir de l'orphelinat pour rejoindre sa famille. Il retrouve alors assez rapidement la sécurité affective nécessaire à sa rééducation [9].

Ce qui est encourageant, c'est de voir que, malgré la gravité du traumatisme subi, nombre de ces enfants arrivent quand même à récupérer psychologiquement. Ce que souligne le psychologue Kirk Fellsman : « Il est sidérant de

---

7. *Ibid.*, p. 150.

8. E. Jareg et M. McCallin, *The rehabilitation of former child soldiers. Report on a training workshop for caregivers of demobilised child soldiers*, Freetown, Sierra Leone, 1er-3 septembre 1993, Genève, rapport du BICE.

9. C. Monfajon, *L'après-guerre des enfants soldats, op. cit.*, p. 151.

constater combien l'enfant récupère vite, sécurisé par la présence de ses proches. Il se réadapte rapidement. » Mais ce professionnel reste prudent, car des difficultés ultérieures dans les relations affectives ou l'insertion sociale de ces enfants sont toujours possibles.

Une autre situation extrême, dans laquelle l'estime de soi est mise à rude épreuve, est celle des camps de travail ou de concentration. Là encore, prendre une distance mentale à l'égard de ce que l'on est contraint de faire est essentiel. Nathan Chtcharanski, l'un des plus célèbres dissidents soviétiques, a passé neuf années en prison ou dans des camps de travail pour espionnage et trahison envers l'Union soviétique. Au cours des longs mois d'interrogatoires et d'isolement qu'il a subis, ses ravisseurs ont fait preuve d'une volonté déterminée de le briser, notamment en l'obligeant à avouer des crimes qu'il n'avait pas commis.

Il a découvert une issue de secours mentale en décidant un jour d'avoir envers ses geôliers la même attitude que celle que l'on adopte vis-à-vis des perturbations atmosphériques. Un orage peut causer des problèmes, parfois humiliants, mais il ne saurait lui-même humilier celui qui le subit. « Une fois que j'eus compris cela, rien de ce qu'ils pouvaient faire ne parvint à m'humilier. Moi seul pouvais m'humilier en commettant quelque acte dont je pourrais rougir par la suite. [...] Je me répétais inlassablement cette phrase, jusqu'à ce qu'elle fût profondément ancrée en moi : “Rien de ce qu'ils peuvent me faire ne saurait m'humilier.” Quand j'eus assimilé ce principe, rien, ni les fouilles, ni les punitions, ni même, cinq ans plus tard, plusieurs tentatives de me nourrir de force par le rectum lors d'une grève de la faim prolongée, ne parvint à me faire perdre le respect de moi-même [10]. »

On retrouve une idée proche dans ce témoignage de Bruno Bettelheim : « Pour survivre, il fallait obéir à des ordres avilissants et amoraux mais ne le faire qu'en se rappelant que

10. N. Chtcharanski, *Tu ne craindras pas le mal*, Paris, Grasset, 1988.

c'était "pour rester en vie et inchangé en tant que personne". Dans chaque cas, l'individu devait décider si l'acte était vraiment nécessaire à sa sécurité ou à celle des autres, et s'il était bon, neutre ou mauvais. [...] Les prisonniers qui ne faisaient pas taire la voix du cœur et de la raison et qui conservaient leur faculté de sentir et de percevoir [...] survivaient et finissaient par comprendre les conditions d'existence qu'on leur imposait. Ils se rendaient également compte de ce qui leur avait échappé tout d'abord, qu'ils conservaient la dernière, sinon la plus grande des libertés : choisir leur attitude dans n'importe quelle circonstance [11]. »

Développer une bonne estime de soi

L'estime de soi ne peut être isolée et mise en relation simple avec la résilience. Une estime de soi excessive est probablement néfaste à l'individu et à ses relations sociales. Et la courbe « en U inversé » que nous avons repérée à propos des défis dans le chapitre 3 s'applique de nouveau ici.

Une interprétation naïve des effets de l'estime de soi a parfois conduit à mettre sur pied des programmes fondés sur le postulat que l'estime de soi était la cause absolue de l'équilibre psychologique et de la réussite scolaire. Mieux vaut, semble-t-il, aider l'enfant à former et à mobiliser ses compétences, ce qui permet alors de l'encourager et de forger son estime de soi à partir des résultats bien réels qu'il est alors capable de produire. Pis, des études récentes indiquent que certains jeunes hyperviolents souffrent plutôt d'une estime de soi démesurée, totalement déconnectée de la réalité et qui ne reconnaît plus de limites [12]. Le psychologue Brad Bushman, de l'université d'État de l'Iowa, affirme que lorsqu'un jeune

---

11. B. Bettelheim, *Le cœur conscient*, Paris, Hachette, 1997, p. 214.

12. S. Begley, « You're OK, I'm terrific : self-esteem backfires », *Newsweek*, 20 juillet 1998, p. 50 D. Voir aussi C. André et F. Lelord, *L'estime de soi*, Paris, Odile Jacob, 1999, chap. 3.

se fait une opinion irréaliste de lui-même et que cette opinion est rejetée par son entourage, il est potentiellement dangereux. C'est bien le cas de Luc Woodham, qui a été condamné pour le meurtre de sa mère et de deux étudiants en octobre 1997. Les trois psychologues chargés de l'examiner ont tous déclaré qu'il avait une personnalité narcissique. En fait, les narcissiques sont hypersensibles à la critique parce qu'au fond d'eux-mêmes ils suspectent que leur sentiment de supériorité est construit sur du sable. On pourrait ainsi parler d'estime de soi excessive, mais illusoire. Pour sa part, le psychologue Robert Brooks estime que si l'enseignement de l'estime de soi est mal fait, cela peut produire une génération de jeunes qui ne supporteront pas la frustration.

L'estime de soi, un remède aux problèmes sociaux ?

Utile pour favoriser la résilience à l'échelon individuel, l'estime de soi pourrait-elle, par voie de conséquence, constituer un outil d'équilibre social ? C'est en tout cas ce que laissent penser quelques programmes d'action officiels. Ainsi, au Québec, le Centre national de prévention du crime a mis au point un projet auprès des jeunes intitulé « Programme de sensibilisation à l'estime de soi ». Mais la plus vaste action dans ce sens est probablement celle qu'a lancée en 1986 le sénateur californien John Vasconcellos (qui était à l'époque député). Cet homme a intelligemment associé l'idée de responsabilité à celle d'estime de soi. En effet, il a créé un comité d'action, une *task force*, composée de vingt-six membres bénévoles, afin de « promouvoir l'estime de soi et la responsabilité personnelle et sociale [13] ». Ce comité a

---

13. California State Senat, « Senator Vasconcellos's publications : self-esteem, 1990, self-esteem task force report », document consultable sur le site Internet http ://www.sen.ca.gov/vasconcellos. Voir aussi G. Steinem, *Une révolution intérieure. Essai sur l'amour-propre et la confiance en soi*, Paris, Interéditions, 1992, p. 29-33.

d'ailleurs donné la définition suivante de l'estime de soi : « l'appréciation de sa valeur propre et le sentiment de responsabilité vis-à-vis de soi-même et des autres ».

Le comité a synthétisé les travaux déjà existants sur le sujet et fait réaliser des enquêtes de grande ampleur par des experts afin de déterminer si l'absence d'estime de soi jouait ou non un rôle important dans sept domaines majeurs : la violence et la criminalité, la toxicomanie, l'alcoolisme, les grossesses des adolescentes, les mauvais traitements infligés aux épouses et aux enfants, la dépendance envers l'État-providence et les échecs scolaires.

Le groupe a travaillé trois ans et a produit en janvier 1990 le rapport « Vers un état d'estime », qui a été diffusé à près de 70 000 exemplaires. Le rôle de l'estime de soi y est présenté dans six domaines, avec des recommandations concrètes pour chacun d'eux : la famille, l'école, la communauté, le lieu de travail, les situations d'échec et de réadaptation. Le rapport souligne notamment que « la famille est l'ingrédient le plus crucial pour favoriser l'estime de soi que la personne véhicule avec elle au cours de la vie ».

La position adoptée par John Vasconcellos et le comité présente des aspects intéressants, mais comporte également des facettes discutables, essentiellement pour deux raisons. D'une part, l'estime de soi est parfois présentée comme le remède à tous les maux ; d'autre part, elle paraît parfois plus constituer un outil de gestion sociale qu'une composante du bien-être. Cette ambivalence est manifeste dans un projet de loi que J. Vasconcellos a déposé en février 1997. Convaincu que l'estime de soi est le « vaccin social » le plus efficace pour répondre aux graves problèmes auxquels est confrontée la société américaine, il a proposé que les personnes s'occupant d'enfants placés soient formées à l'importance de l'estime de soi. « Sans efforts préventifs, affirme-t-il, beaucoup d'enfants à risque bénéficiant des services de l'aide à l'enfance deviendront dépendants de l'aide publique, n'arriveront pas à se faire une place utile dans la société, ou même deviendront un danger public, contribuant à la violence dans nos rues. Les familles d'accueil se trouvent dans une situation privilégiée pour avoir un impact sur cette jeunesse à risque qui a besoin d'un sens de la valeur de soi et d'une estime de soi positive. »

Acquérir des compétences

L'estime de soi d'un individu dépend non seulement de son acceptation fondamentale par autrui, mais aussi de ses réalisations personnelles. Cela nous ouvre un domaine très large, celui des compétences et aptitudes, qui sont peut-être la partie la plus visible de la résilience, au point que certains chercheurs les confondent avec elle [14]. Nous donnons ici au terme « compétences » un sens très large : compétences humaines, sociales, professionnelles.

Pour faciliter l'acquisition de compétences par l'enfant, quelques règles simples doivent être respectées :

– Il faut que règne un climat de confiance, sans lequel l'enfant sera trop absorbé par sa défense ; cela nous renvoie à la notion d'acceptation fondamentale.

– Il faut que l'enfant puisse participer à des activités variées lui permettant d'apprendre, et que celles-ci soient adaptées à ses capacités tout en le stimulant pour qu'il puisse progresser.

– Il faut fournir à l'enfant les moyens nécessaires à l'accomplissement de sa tâche et l'encourager dans ses efforts.

– Il faut éviter de focaliser l'attention sur l'échec, et essayer au contraire de transformer chaque échec en une nouvelle occasion d'apprentissage.

---

14. B. Egeland, E. Carlson, A. Sroufe, « Resilience as process », *Development and Psychopathology*, 1993, vol. 5, p. 517-528. Ces auteurs définissent la résilience comme le développement de compétences malgré l'adversité.

On réduit trop souvent la notion de compétences au strict domaine professionnel. Certes, les compétences professionnelles font partie intégrante du développement de l'individu et doivent pouvoir s'articuler dans la société où le jeune est appelé à construire sa vie. Celui-ci sera ainsi amené à s'interroger sur les perspectives d'emploi correspondant au métier qu'il souhaite apprendre. Quelles sont les professions actuellement recherchées et qui peuvent fournir des revenus satisfaisants ? Pourrai-je facilement trouver un emploi localement ou faut-il envisager de déménager ? Il n'est pas toujours facile de répondre à ces questions dans un marché du travail peu stable.

Mais les compétences ne se limitent pas au monde du travail. Je me souviens de la remarque d'un éducateur en Inde, qui s'occupait de la formation professionnelle de jeunes de la rue. Son expérience lui avait appris que, si l'on voulait que l'apprentissage de compétences professionnelles soit vraiment utile, il fallait d'abord que les jeunes se sentent acceptés, qu'ils découvrent un certain sens à leur expérience. En d'autres termes, il est excellent de former les enfants et les jeunes, mais cette formation doit se situer dans un cadre humain plus large et plus profond. C'est ainsi que les psychologues accordent une grande importance aux « compétences sociales », dont la liste est presque infinie. Par exemple : comment établir un contact avec d'autres personnes ? Comment maîtriser mes impulsions ? Comment réfléchir avant d'agir ? Comment demander des explications ou de l'aide ? Comment résoudre un problème ? Comment communiquer clairement ? Comment négocier ?

Cependant il ne suffit pas d'acquérir des aptitudes et des compétences. Pour vouloir et pouvoir les utiliser, il faut avoir le sentiment qu'on a une certaine influence sur le cours des événements, comme le montre l'exemple suivant.

Un ex-enfant de la rue obtient son premier emploi dans une usine mais, suite à une erreur administrative, il ne reçoit pas sa première paie en même temps que ses collègues. Sa réaction spontanée est violente, mais il arrive heureusement à se maîtriser grâce à la formation globale qu'il a reçue. Il rencontre un cadre de l'entreprise qui reconnaît l'erreur et le paie correctement, alors que s'il avait suivi ses impulsions, il aurait pu être licencié. Sa réaction modérée, sa capacité de maîtriser cette situation désagréable l'ont fait bifurquer sur un tout autre chemin, celui de la résilience, rendue possible par la formation qu'il avait reçue et par la réaction honnête de l'entreprise. Cet exemple montre que cette mobilisation des compétences dépend de plusieurs facteurs, liés non seulement à l'individu, mais aussi à son entourage passé et présent, et plus largement encore à la société. La résilience n'est pas une caractéristique de l'individu au sens strict, mais de la personne en interaction avec son environnement humain. Nous pouvons donc concevoir la résilience à partir de l'individu, puis en cercles concentriques toujours plus vastes, jusqu'à l'ensemble de la société.

Retrouver la paix scolaire... et familiale

L'école peut, elle aussi, constituer un lieu privilégié d'apprentissage des compétences sociales. La plupart du temps, les conflits entre enfants – mais aussi entre adultes ! – ne trouvent pas d'aboutissement satisfaisant pour les uns et les autres. Soit les individus se séparent pour éviter le pire, soit une bagarre intervient et conduit à la domination de l'un sur l'autre, ce dernier attendant son heure pour prendre sa revanche. Une étude a montré que la plupart des élèves pensent qu'ils n'ont pas d'autre choix, face à un conflit, que l'attaque ou le retrait. L'éventualité d'une solution négociée ne leur vient généralement pas à l'esprit. Or, on a mené de nombreuses expériences de « médiation par les pairs » qui ont démontré sans ambiguïté que les élèves peuvent apprendre et utiliser efficacement des procédures non violentes de résolution des conflits.

La procédure est habituellement la suivante. Des élèves volontaires pour devenir médiateurs sont formés à des techniques d'écoute, participent à divers exercices qui leur apprennent à admettre que l'autre peut avoir un point de vue différent et parfaitement légitime. Des jeux de rôle mettant en scène des situations conflictuelles sont aussi organisés afin de développer l'imagination et la créativité nécessaires à la découverte de solutions non violentes au conflit, etc. À la fin de cette formation, ces médiateurs ont pour fonction de proposer leur aide lorsqu'un conflit éclate entre des élèves plus jeunes qu'eux. Une synthèse de multiples études sur le sujet montre que le taux de résolution des conflits se situe entre 80 et 95 % [15]. Dans une étude, les trois quarts des adversaires ont estimé qu'ils en seraient venus aux mains s'ils n'avaient pas été en médiation.

Mieux encore, ces enfants ont ensuite tendance à utiliser ces stratégies à l'extérieur de l'école, en particulier dans leurs relations avec leurs frères et sœurs et avec leurs parents. Par ailleurs, on observe d'autres « effets secondaires » positifs, tels qu'une meilleure estime de soi, l'augmentation du sentiment de bien-être et de contrôle personnel sur son destin, une baisse de l'anxiété, une plus grande solidarité entre élèves, de meilleurs résultats scolaires.

Ce type d'initiative commence à se développer en France. L'une des premières a été mise en place avec succès par deux enseignantes d'un collège de la région parisienne, Babeth Diaz et Brigitte Liatard-Dulac [16]. Nombreux sont les témoignages qui ressemblent à celui de Johanna, quatorze ans : « Avant, je pensais à me venger et j'en avais marre... J'ai appris à me contrôler... à chercher les points communs avec l'autre... ça m'a pris du temps, six à sept mois... avant, si on me donnait un coup, je le rendais tout de suite [17]. » Parfois, cette expé-

15. D. W. Johnson et R. T. Johnson, « Conflict resolution and peer mediation programs in elementary and secondary schools : a review of the research », *Review of Educational Research*, hiver 1996, vol. 66, n° 4, p. 459-506.

16. B. Diaz et B. Liatard-Dulac, *Contre violence et mal-être, la médiation par les élèves*, Paris, Nathan, 1998.

17. *Ibid.*, p. 70.

rience conduit à une réflexion plus large, comme l'exprime ce jeune : « Je pense que nous commençons un peu la paix dans le monde si nous réussissons à l'intégrer dans une école [18]. »

Plusieurs élèves déclarent que la médiation leur a appris à mieux respecter les adultes, qu'il s'agisse des enseignants, de leurs parents ou de leurs voisins. Cela leur a également donné une plus grande confiance en eux-mêmes, comme le souligne, parmi d'autres, Laure : « Avec ma mère aussi c'est plus facile de discuter quand on a été médiateur parce qu'on se sent plus en confiance. Et j'arrive plus à parler avec mon père. Avant, j'étais un peu intimidée par mon père. Maintenant on arrive à discuter et il se fâche moins [19]. » Divers parents ont d'ailleurs exprimé leur satisfaction de voir la transformation qui s'est opérée chez leur enfant et ont reconnu avoir appris de lui !

Les résultats scolaires suivent souvent. Ainsi Rachel constate : « Je trouve que ça m'a apporté dans mon travail parce que j'ai de meilleures notes. J'ai du mal à analyser pourquoi mais je pense que, comme je fais plus attention, je gère plus mon travail et donc j'arrive à faire plus de travail que les autres [20]. »

Quand les enfants philosophent

Ce qui précède montre que nous avons probablement trop souvent tendance à sous-estimer les capacités des enfants. Pourriez-vous imaginer, par exemple, que des enfants, même très jeunes, soient capables de philosopher ? C'est pourtant bien ce qui se passe depuis de longues années dans plusieurs pays [21]. Dans le monde francophone, la « philosophie avec

---

18. *Ibid.*
19. *Ibid.*, p. 71.
20. *Ibid.*, p. 72.
21. M. Lipman, *À l'école de la pensée*, Bruxelles, De Boeck Université, 1995. M. Lipman (dir.), *Thinking children and education*, Dubuque (Iowa), Kendall / Hunt Publishing Company, 1993. Collectif, *Philosophy for children,* A Seminar-Workshop Report 28-30 january 1997, Davao City, Philippines, Genève, BICE, 1998.

les enfants » est florissante au Québec, son principal promoteur étant le professeur Michel Sasseville, de la faculté de philosophie de l'université de Laval à Québec.

L'expression « philosophie avec les enfants » ne doit pas prêter à confusion, surtout dans un pays comme la France, où les grands auteurs et les principales théories philosophiques font partie des programmes scolaires. Tout d'abord, la philosophie avec les enfants n'a rien d'élitiste, même si elle a pour fondements de solides bases théoriques et pratiques, en lien direct avec la tradition classique de la philosophie. Au contraire, plusieurs expériences de philosophie avec les enfants ont lieu dans des quartiers très défavorisés. Par ailleurs, le but n'est pas que les enfants étudient et apprennent la philosophie, mais qu'ils en fassent eux-mêmes ! Le programme vise donc à les amener à penser par et pour eux-mêmes, avec notamment comme conséquence le développement de l'autonomie et du sens des responsabilités.

Dans une expérience de ce type, un groupe d'enfants ou de jeunes, accompagnés d'un animateur ayant reçu une formation spécifique, constituent une « communauté de recherche ». Le rôle de l'adulte n'est pas d'enseigner ou de faire passer un message particulier, mais de stimuler la capacité de réflexion des enfants, de les aider à expliciter leur pensée et à aller jusqu'au bout de leurs raisonnements, un peu à la manière de Socrate, qui faisait réfléchir les personnes en leur posant des questions bien choisies, sans grandes déclarations théoriques.

Dans ce but, les membres de la communauté de recherche lisent ensemble une histoire qui a été spécialement conçue pour cet exercice et qui suscite des questions. Sept romans pour enfants et jeunes ont été écrits dans ce but, chacun d'eux étant adapté à une classe d'âge particulière, l'ensemble couvrant la période allant de la maternelle à la terminale. Ces histoires mettent en scène des enfants qui prennent plaisir à penser ensemble dans leur vie quotidienne, et sont conçues autour de certains thèmes tels que la pensée logique, la démarche éthique, la beauté, l'amitié, la justice, le langage, et couvrent toute une série d'étapes de développement... Par exemple, une histoire débute avec la situation suivante : un enfant se réveille et, après avoir ouvert les yeux, se demande s'il est bien réveillé ou s'il rêve d'être éveillé. Dans le roman destiné aux plus grands (fin du secondaire), un jeune est accusé de vandalisme dans une école. Ce qui est l'occasion d'aborder des thèmes comme la fonction d'une loi, l'équilibre entre la liberté individuelle et les besoins de la société, la nature de la bureaucratie, etc.

Après la lecture d'un fragment de texte, l'animateur rassemble les questions que l'histoire suscite chez les participants. Puis le groupe se met d'accord sur deux ou trois questions à débattre. Suit alors la discussion, qui doit être soigneusement menée pour éviter que le groupe ne glisse vers le simple bavardage. Cette pédagogie est donc fondée essentiellement sur le dialogue et la coopération entre élèves. Le processus même de travail de la communauté de recherche amène ainsi les enfants à pratiquer certaines valeurs, comme le respect mutuel et la tolérance.

Les résultats positifs de cette méthode sont parfois impressionnants. On a constaté une baisse des abandons scolaires, la remontée du niveau scolaire d'élèves en difficulté, une meilleure résistance aux offres de drogue, en particulier parce que les enfants ont appris à réfléchir aux conséquences de leurs actes. La philosophie avec les enfants développe également l'estime de soi, la créativité, l'esprit de solidarité, la capacité de poser des questions et d'aboutir à des conclusions avec les autres enfants du groupe. Les quelques témoignages qui suivent, recueillis auprès d'écoliers canadiens, donnent une idée de la diversité des compétences stimulées par cette activité : « J'ai appris à écouter les autres, à me connaître et à connaître les autres. » « J'ai découvert mon intelligence. » « J'ai toujours été trop timide pour parler. Maintenant je me surprends. » « J'admire beaucoup la philo, car on apprend à s'exprimer et on développe l'estime de soi.

On peut donner son opinion, sa pensée, et son point de vue comme on veut. On apprend à mieux se connaître et à respecter nos copains. C'est formidable et intéressant d'être un groupe de jeunes et de devenir plus autonome et responsable en s'exprimant et en disant ce qu'on pense. »

La philosophie avec les enfants permet également à ceux-ci de découvrir un sens à leur vie. Comme le souligne Ann Margaret Sharp, directrice associée de l'Institut pour le progrès de la philosophie pour les enfants, elle « offre à l'enfant la possibilité de transcender le présent et, avec l'aide de ses pairs, de commencer à comprendre ce qui est et ce qui pourrait être. Cette activité aidera l'enfant à tirer son épingle du jeu dans un monde qui semble n'avoir aucun sens [22]. » Bien que la philosophie avec les enfants ait pour objectif premier de développer les compétences cognitives, elle entraîne aussi, toute une série d'autres conséquences positives. Si nous reprenons l'image de la *casita*, présentée dans l'introduction et en annexe, nous constatons que cette pratique peut concerner pratiquement toutes ses pièces : l'acceptation mutuelle des personnes, la constitution de réseaux (la communauté de recherche), la recherche de sens, l'estime de soi. Elle peut ainsi constituer un outil précieux dans le cadre d'une « pédagogie de la résilience ».

Toutefois, ce n'est pas une mécanique qui fonctionne à cent pour cent. Ce qui nous importe ici est donc de repérer des éléments qui peuvent nous aider à construire une vie, de nous laisser inspirer et de tenter des essais prudents. Précisons cela avec un exemple présenté par le professeur Matthew Lipman de Montclair College dans le New Jersey aux États-Unis, qui est à l'origine de cette méthode. Dans certains pays, un enfant très pauvre n'a aucun objet qui soit vraiment à lui. Tout peut lui être pris du jour au lendemain, même son lit et

22. M. Sharp, « "La philosophie pour les enfants" et le développement de la résilience », *L'enfance dans le monde*, 1994, vol. 231, n° 1, p. 41.

ses vêtements. Or, un tel enfant qui participe à une communauté de recherche va apprendre à construire ses propres idées, et pourra un jour se dire : « C'est moi qui ai pensé cela, c'est mon idée. » De plus, comme l'idée se trouve dans sa tête, personne ne peut la lui enlever. Cette démarche constitue ainsi un puissant stimulant pour l'estime de soi de l'enfant. Il n'est donc pas étonnant que des jeunes très démunis qui ont découvert cette méthode à l'école décident ensuite de continuer leur scolarité, malgré leur hostilité initiale à toute formation allant au-delà du minimum légal.

Cette méthode est aujourd'hui reprise dans une quarantaine de pays, notamment en Australie, en Belgique, en Suisse, aux États-Unis, au Canada, en Espagne, en Tchéquie, au Mexique, au Brésil, aux Philippines... Des variantes locales existent, car si le cœur du mouvement est bien la philosophie avec les enfants au sens philosophiquement fort du terme, avec une association internationale à l'appui [23], il existe également de multiples expériences locales dont le premier souci n'est pas directement la philosophie, mais plutôt un effet bénéfique pour les enfants grâce à des méthodes inspirées par la philosophie avec les enfants. Aux Philippines, le Bureau international catholique de l'enfance a incité un partenaire local, l'association Childhope, à réaliser un atelier de philosophie adapté aux enfants de la rue. Pari osé mais possible, notamment parce qu'il existe aux Philippines des personnes bien formées en la matière. Les éducateurs de rue ont participé à l'expérience, qui fut révélatrice. On a tout d'abord constaté que, contrairement à une idée largement répandue, beaucoup d'enfants de la rue étaient parfaitement capables de se concentrer sur une discussion très cohérente, même des heures durant. Ensuite, certaines remarques apparemment anodines permettent

23. L'IAPC (Institute for the Advancement of Philosophy for Children), qui publie aussi la revue *Thinking*. Adresse : Montclair State College, Upper Montclair, New Jersey, 0743, USA.

souvent d'aborder divers éléments douloureux de leur histoire personnelle.

Étant donné la valeur de la philosophie avec les enfants, la tentation peut être grande de généraliser cette méthode par un décret ministériel qui imposerait une formation aux professeurs et instituteurs. Ce point reste sujet à discussion. En effet, d'un côté, cette approche nécessite une profonde motivation des animateurs, qui risque de se diluer si la méthode est obligatoire. Mais par ailleurs, on peut estimer que, même si la méthode perd un peu de sa valeur en étant imposée, elle entraînera de toute façon suffisamment d'effets positifs pour qu'une telle mesure vaille la peine d'être mise en place. Je ne connais cependant pas de pays qui l'ait déjà instaurée.

La grande diversité des compétences enfantines

D'autres initiatives sont susceptibles d'aider les adultes à repérer et stimuler les compétences cachées des enfants, ainsi que le démontre Howard Gardner, professeur de psychologie à l'université Harvard. Le point de départ de sa réflexion consiste en une analyse critique de la conception traditionnelle de l'intelligence, habituellement évaluée par les tests de quotient intellectuel, et qui se limite aux capacités logico-mathématiques des individus. Partant de là, H. Gardner a fondé la théorie des « intelligences multiples[24] » sur la base de recherches en psychologie, psychiatrie et neurologie. Il repère ainsi six autres aptitudes hormis l'intelligence logico-mathématique : l'intelligence musicale ; l'intelligence kinesthésique, qui permet une utilisation précise de son corps pour effectuer tel ou tel geste, et que l'on rencontre en particulier chez des sportifs tels que les footballeurs ou les tennismen, ou chez des artistes tels que les danseurs, les comédiens

---

24. H. Gardner, *Les intelligences multiples*, Paris, Retz, 1996 ; *L'intelligence et l'école*, Paris, Retz, 1996 ; *Les formes de l'intelligence*, Paris, Odile Jacob, 1997. H. Gardner met actuellement en place des procédures pour tester l'existence éventuelle d'autres types d'intelligence.

et les mimes ; l'intelligence langagière, particulièrement présente chez les écrivains et les poètes ; l'intelligence spatiale, utilisée par des artistes comme les peintres et sculpteurs ; l'intelligence interpersonnelle, celle des personnes intuitives, qui sont très sensibles aux variations de motivation et d'intention des autres, comme les professeurs et psychothérapeutes talentueux ; l'intelligence intrapersonnelle, qui est la capacité d'analyser ses émotions et sentiments.

H. Gardner a réalisé plusieurs programmes destinés à repérer et développer les compétences des élèves depuis la petite enfance jusqu'à la fin de l'adolescence. Par exemple, le programme Spectre fournit aux jeunes enfants – de trois à six ans – un environnement très riche, apte à solliciter un large éventail d'intelligences [25]. Ceux-ci peuvent librement explorer ce lieu, qui ressemble à un musée pour enfants. Par exemple, ils peuvent participer à une chasse au trésor (intelligence logico-mathématique), à une course d'obstacles (intelligence kinesthésique), réaliser des assemblages mécaniques simples (intelligences spatiale et kinesthésique) ou encore raconter une histoire dessinée dans un livre (intelligence langagière). En observant la manière dont les enfants exploitent les éléments en présence, les chercheurs peuvent déduire leur profil d'intelligence.

L'intérêt majeur de ce programme est de mettre en évidence certaines compétences cachées. Ainsi, dans une étude portant sur dix-sept enfants, le programme Spectre a permis d'identifier des point forts exceptionnels, qui autrement seraient restés inaperçus, chez huit d'entre eux. Au cours de cette étude, Spectre a permis de repérer douze points forts qui n'avaient été remarqués ni par les parents ni par les instituteurs.

H. Gardner cite à ce propos le cas de Donnie, un garçon de six ans issu d'un foyer brisé et qui avait subi des violences [26].

---

25. H. Gardner, *Les intelligences multiples*, *op. cit.*, chap. 5.

26. *Ibid.*, p. 115-116. Voir également l'interview de H. Gardner par M. Zuber et J. Lecomte, *Sciences humaines*, février 1997, n° 69, p. 36-37.

Cet enfant obtenait des résultats scolaires si faibles que sa maîtresse avait décidé de le faire redoubler après seulement deux mois de présence dans sa classe. Mais H. Gardner a filmé Donnie en train de démonter et remonter des objets usuels, comme une moulinette ou une poignée de porte. Il réussissait à le faire mieux qu'aucun autre enfant de son âge, et même que la plupart des adultes. H. Gardner a ensuite montré la séquence vidéo à l'institutrice de Donnie, qui en a été bouleversée, au point de très mal dormir durant trois nuits. Son regard sur cet enfant a alors radicalement changé, et celui-ci a ensuite sensiblement amélioré ses résultats scolaires.

La démarche instaurée par H. Gardner est intéressante par sa volonté d'exhaustivité. Elle ne doit cependant pas occulter toutes les situations spontanées dans lesquelles des individus attentifs savent repérer les aptitudes insoupçonnées d'un enfant. Une histoire émouvante, issue des souvenirs d'un vagabond de la région de Newcastle upon Tyne, grande ville industrielle du nord de l'Angleterre[27], en témoigne éloquemment. Celui-ci raconte sa rencontre avec un musicien amateur autour de Noël 1935, alors qu'il n'était qu'un petit garçon très pauvre. L'enfant devait vendre du bois de chauffage de porte en porte. De cette façon il rencontre un musicien, qui non seulement achète tout le fagot, mais qui de plus l'invite à participer à un jeu de société. Puis cet homme initie son petit hôte à la musique, en lui faisant écouter des disques et en jouant du violon. Il prend du temps pour deviser avec lui et lui sert du thé sur un plateau d'argent avant de le laisser rentrer chez lui. Bref, le garçon pauvre est traité comme un hôte noble, mais sans exagération ni condescendance. Quelque temps plus tard, il retourne chez le musicien, qui est accompagné de son amie. Cette

27. T. Callaghan, *A lang way to the panshop*, Rothbury, Butler & Butler, 1987, chap. 10. (Le *lang* du titre est un patois local pour *long*.)

rencontre est tout aussi agréable que la première, mais là encore sans concessions : le musicien reconnaît la musicalité de l'enfant et la lui révèle, stimule son aptitude au chant et lui fait découvrir la musique classique. L'enfant entend des musiques ravissantes de compositeurs inconnus de lui. Il admire notamment la musique de « Chaud pain [28] ». Le musicien et son amie respectent leur hôte en tant qu'enfant, mais aussi comme un égal, comme une autre personne à part entière. Ce double regard, rare et difficile, constitue peut-être le vrai fondement du respect des droits des enfants, la véritable prise en compte de leur besoin d'estime de soi. L'homme explique à l'enfant qu'il aurait souhaité devenir musicien professionnel, mais que des circonstances familiales malheureuses l'en ont empêché. Malgré ses regrets, il constate que la vie reste bien agréable tout de même. L'histoire se termine malheureusement là parce que ce mystérieux musicien doit déménager. Mais des décennies plus tard, le petit garçon devenu adulte se souvenait toujours de cette expérience qui lui avait fortement insufflé le sentiment de sa valeur personnelle.

Se sentir maître des événements

L'une des compétences personnelles les plus importantes est le sentiment d'exercer un certain contrôle sur sa propre existence. Les spécialistes parlent à ce sujet de « lieu de contrôle » (*locus of control* dans la littérature anglo-saxonne). Selon cette approche, les individus peuvent être répartis en deux grandes catégories selon leur manière d'appréhender les événements de l'existence. Les personnes à lieu de contrôle interne ont tendance à expliquer ce qui leur arrive par leur personnalité et leur comportement, tandis que les individus à lieu de contrôle externe font plutôt référence à

28. Il s'agit en fait de Chopin. Dans le livre anglais, l'auteur parle de « Show-pan ». J'ai cherché en français un nom qui exprime la même confusion chez l'enfant.

des facteurs extérieurs à eux-mêmes, que ce soit d'autres personnes, le hasard ou la chance. Bien entendu, il s'agit là de grandes tendances, puisque beaucoup de personnes se trouvent à mi-chemin entre ces deux orientations. Mais de nombreuses études très intéressantes ont analysé les différences entre des personnes nettement « internes » et d'autres nettement « externes [29] ». Le bilan de ces travaux est assez concordant : les personnes « internes » réussissent mieux à l'école, à l'université et dans leur métier ; sont moins influençables ; savent mieux trouver et utiliser l'information qui leur est nécessaire ; utilisent plus leurs expériences antérieures comme sources d'information [30].

Comme pour l'estime de soi, l'impact des parents joue un rôle majeur dans la structuration du lieu de contrôle. Les parents chaleureux, approbateurs, non autoritaires, sans être laxistes pour autant, favorisent très tôt les comportements indépendants chez leurs enfants et suscitent en eux la croyance en un contrôle interne, tandis que les parents distants, punitifs, imprévisibles et/ou surprotecteurs favorisent chez leurs enfants la croyance en un contrôle externe.

Dès lors, on serait facilement tenté de conclure que les enfants manquant d'affection sont fatalement condamnés à adopter un mode de pensée externe et, par voie de conséquence, à être moins bien insérés socialement. Or une telle conclusion serait erronée, pour deux raisons. Tout d'abord, certaines études ont fourni des résultats inverses : des adultes internes avaient eu une mère peu affectueuse, voire hostile. Nicole Dubois, qui rend compte de ces travaux, suppose que dans ce cas, c'est précisément parce que les enfants ont dû se prendre en charge qu'ils sont devenus internes [31]. Nous retrouvons ici l'idée d'influence inversée, déjà constatée :

---

29. N. Dubois, *La psychologie du contrôle. Les croyances internes et externes*, Grenoble, Presses universitaires de Grenoble, 1987.
30. *Ibid.*, p. 117 et 119.
31. *Ibid.*, p. 155.

pour certains enfants, être rejeté ne détruit pas la capacité d'initiative, mais au contraire la stimule.

La deuxième raison de ne pas désespérer est qu'il est possible de favoriser le développement du lieu de contrôle interne chez un individu. C'est ce que montre clairement la recherche-action menée au cours de l'année scolaire 1995-1996 dans un collège français, dans une classe de quatrième de remotivation [32]. Cet établissement est situé dans une zone économiquement sinistrée par suite de la disparition de l'industrie métallurgique, qui constituait la principale source d'emplois de la région. 20 % des enfants du collège ont des parents sans emploi. Nombreux sont les jeunes en échec scolaire et qui ont une représentation très négative de l'école, alors même que leur potentiel intellectuel est normal. Un trait caractéristique relevé par l'auteur de l'étude est leur difficulté à maîtriser, sur le plan grammatical, le futur. On ne sera pas étonné d'apprendre que des tests portant sur le lieu de contrôle mettent en évidence une forte tendance à adopter une attitude externe.

Devant cette situation, la direction et les enseignants refusent de baisser les bras et décident de « donner du sens et rendre les jeunes acteurs dans un certain nombre de domaines ». Pour cela, ils demandent aux parents de s'engager à participer à l'ensemble des réunions auxquelles ils seront conviés, notamment les conseils de classe. Ils demandent également aux jeunes qui le souhaitent de s'engager à participer aux diverses activités mises en place pendant l'année afin d'améliorer leur sentiment d'efficacité personnelle. Il s'agit notamment de la participation du jeune au conseil de classe de chaque trimestre ; l'organisation d'une semaine en classe de mer, les adultes n'offrant qu'un support ; la préparation et l'animation par les jeunes d'un forum sur les métiers ; un stage d'une semaine en entreprise précédé d'une

32. D. Pemartin, « Effets des psychopédagogies des démarches de projets sur le locus interne », *Questions d'orientation*, juin 1997, n° 2, p. 9-25.

préparation minutieuse ; la participation à la mise en pages et à l'édition du journal du collège ; des études de situations d'orientation ou de projection de soi dans l'avenir ; la réalisation d'un « portefeuille de compétences », petit dossier individuel dans lequel chaque jeune établit une liste du plus grand nombre possible de situations dans lesquelles il a fait preuve d'initiative et de compétence.

À la fin de l'année, on constate chez ces jeunes une évolution sensible : ils se sentent nettement plus responsables de leurs résultats scolaires et, dans une moindre mesure, des événements de la vie quotidienne. En revanche, il n'y a pas de changement de ce type en ce qui concerne l'orientation et la réussite scolaire et professionnelle. De quoi satisfaire à la fois les optimistes et les pessimistes !

Mais l'auteur de cette étude souligne également qu'un accroissement trop important du lieu de contrôle interne présenterait aussi des risques. Car considérer que tout ce qui nous arrive dépend de nous serait parfaitement irréaliste dans la mesure où la maîtrise de certains événements échappe totalement à l'individu. De plus, une élévation trop importante du lieu de contrôle interne pourrait avoir comme effet pervers d'accentuer le sentiment de culpabilité ressenti devant les problèmes rencontrés et non résolus. De même que l'estime de soi, le lieu de contrôle interne est généralement un facteur de résilience, mais à condition d'être présent dans une proportion raisonnable.

Imaginons d'ailleurs ce qui pourrait se passer dans la situation extrême d'un contrôle quasi total sur la vie. Au niveau collectif, on pense immédiatement au spectre de la dictature, à la vision vulgarisée par des romans comme *1984* ou *Le meilleur des mondes*, un univers totalement réglé en vue du fonctionnement social « idéal ». À un niveau plus individuel, nous pouvons prendre conscience des limites de la maîtrise du destin quand nous pensons simplement à ce qui est vraiment important ou enrichissant dans notre existence, l'amour et l'amitié, la créativité et l'intuition, voire même l'humour, mais aussi la mort, etc. Ces composantes essentielles de nos vies seraient-elles encore possibles si nous avions la maîtrise totale de notre destin ? Comme en beaucoup de choses, un juste équilibre est à trouver entre le contrôle et la spontanéité...

Des compétences souvent bien cachées !

Au fil de ce chapitre, nous avons exploré plusieurs pistes permettant d'éveiller les aptitudes, parfois méconnues, des enfants et des jeunes. Mais un des défis les plus ardus pour celui qui travaille auprès d'enfants en difficulté est de savoir discerner des compétences positives derrière des comportements apparemment répréhensibles.

Cela soulève au passage un problème délicat, car il est difficile de définir précisément ce qui peut être considéré comme positif. Vu sous un angle sociologique, le « positif » renvoie aux normes d'un groupe de référence. Dans les faits, nous devons constater, hors de toute considération éthique, que chaque groupe social véhicule ses propres valeurs et ses propres normes. Cela signifie concrètement, par exemple, que ce qui est bien du point de vue de l'enfant de la rue ne l'est pas forcément du point de vue de la police ou des classes moyennes et aisées.

Chaque groupe humain possède donc sa propre vision de la réalité, mais chaque groupe n'a pas les mêmes possibilités d'imposer celle-ci. Dans la vie quotidienne, il est nécessaire de tenir compte de ce fait, même si l'on n'est pas nécessairement d'accord sur le principe, d'un point de vue éthique. Par exemple, dans un groupe d'enfants de la rue, totalement axé sur la survie immédiate, l'aptitude au vol, une certaine agressivité, voire la violence, peuvent être très valorisées. Ce qui peut donner lieu à des situations au premier abord surprenantes. C'est ainsi qu'un adulte, visitant une école de redressement dans une ville du Kenya, avait été invité pour parler aux élèves [33]. Il leur demande s'il y a parmi eux un *parking boy* ou un enfant de la rue. Personne ne lève la main. Puis il leur demande s'il y a des voleurs dans le groupe, et la majorité lèvent la main ! Ils trouvaient scandaleux d'être pris pour des garçons de la rue, des mendiants, et étaient fiers de se présenter comme des gens ayant une profession. Pour eux, voler n'avait rien de honteux, le seul problème étant le risque de se faire prendre.

Dès lors, plutôt que de combattre frontalement le comportement de ces enfants, ce qui risque fort d'être infructueux, ne serait-il pas préférable de s'interroger sur la manière dont on pourrait utiliser leur potentiel, en le canalisant dans une autre direction ? Ainsi, la dextérité et la débrouillardise qui sont nécessaires pour voler pourront peut-être trouver d'autres applications quand les enfants se trouveront dans une autre situation, libérés de l'obsession de la survie immédiate. La détection d'un tel potentiel rélève probablement plus de l'art et de l'expérience que de la technique. Mais il est possible d'avancer dans ce sens, en observant attentivement l'enfant dans des situations variées, en le plaçant dans un contexte nouveau, en l'écoutant, en lui parlant et en nous intéressant à ses véritables centres d'intérêt, à son histoire, à son entourage... et aussi en tentant de découvrir le côté positif de ses actes dont nous ne percevons pour l'instant que le revers négatif.

C'est là le talent des meilleurs éducateurs. L'excellente connaissance de la ville acquise par des jeunes de la rue, utile entre autres en cas de fuite, se révèle être un remarquable atout quand ces jeunes sont engagés dans des services de courrier rapide. Un tel recyclage de compétences informelles peut aider à construire l'estime de soi et la rési-

---

33. F. Dallape, *Enfants de la rue, enfants perdus ?,* Dakar, Enda, 1990, p. 18.

lience, bien au-delà du seul respect verbal exprimé par l'éducateur.

De même, un éducateur que j'ai rencontré à Bangalore en Inde commençait son travail dans un quartier, non seulement en essayant de comprendre les problèmes des enfants de la rue – auxquels il aurait alors dû apporter des solutions, selon un raisonnement classique –, mais aussi en étudiant les solutions que ces enfants avaient déjà eux-mêmes imaginées pour s'en sortir. Cette détection et cette mobilisation de compétences parfois bien cachées chez l'enfant ou le jeune, ainsi que leur réorientation vers des objectifs constructifs à long terme, reste néanmoins un défi énorme, même pour le professionnel averti. Il n'est pas facile d'effectuer de tels diagnostics positifs dans un cadre culturel qui apparaît souvent si étranger à notre propre vision du monde.

Anny Duperey nous fournit pour finir un exemple d'utilisation positive d'une compétence ambivalente. Elle explique que sa carrière de comédienne est en partie due à sa « seconde nature », son « système de sécurité interne », le contrôle permanent de ses émotions profondes qui a découlé directement de sa réaction à la mort de ses parents. « Le théâtre me permit en somme d'utiliser, et d'aguerrir encore par la technique, un manque total de spontanéité [34]. »

A. Duperey assume d'ailleurs sereinement le fait que cette aptitude lui a certainement permis de réussir son BEPC [35]. Reçue de justesse aux épreuves écrites, elle a droit à un examen oral de rattrapage. Elle raconte à tous les professeurs qui l'interrogent qu'étant orpheline de père et de mère, elle doit arrêter ses études pour trouver du travail, car la personne qui l'élève n'a pas les moyens de l'entretenir plus

34. A. Duperey, *Le voile noir*, Paris, Seuil, 1992, p. 110-111.
35. Brevet d'études du premier cycle.

longtemps, et qu'un diplôme lui serait donc bien utile. « Je fus, je m'en souviens, parfaite d'évidence, de dignité, sans trémolo sentimental superflu, ne négligeant pas toutefois le détail émouvant si l'on m'interrogeait sur le comment de leur disparition – c'est moi qui les ai trouvés, madame... – mais simple, épatante de pudeur et de retenue. Bien fait, vraiment[36]. »

Alors, petite menteuse ? Non, grande comédienne !

36. *Ibid.*, p. 108.

6

Nouveau regard et nouvelles pratiques

Au terme de ce livre, une voie semble s'ouvrir entre deux abîmes, le cynisme et le découragement d'un côté, l'illusion et le faux espoir de l'autre.

La résilience n'est pas une nouvelle technique d'intervention. Elle intègre dans une démarche cohérente une série de connaissances et de savoir-faire, qui nous invite à poser un regard plus positif sur les êtres humains et sur l'existence. C'est ce changement de perspective qui nous amène à envisager de nouvelles formes d'intervention. Le regard non pathologique porté sur les individus a d'ailleurs pour conséquence que la plupart des propositions suivantes peuvent constituer des orientations éducatives, en dehors de tout contexte traumatique.

Ces réflexions sont toutes susceptibles d'évoluer, car la pire chose qui pourrait survenir à la résilience serait d'être figée dans des pratiques définitivement et universellement « bonnes ».

1. Diagnostiquer les problèmes *et* les ressources

En général, les professionnels agissant auprès de personnes en difficulté s'efforcent premièrement d'établir un diagnostic du ou des problèmes afin d'apporter une solution à la personne. Dans l'optique de la résilience, l'attitude à adopter est très différente. Il est bien entendu nécessaire de cerner les difficultés, mais plus encore de repérer les ressources de la personne et de son entourage et de faciliter leur mobilisation.

Par exemple, comment interprétons-nous les comportements négatifs, tels que la toxicomanie ou l'alcoolisme ? Avons-nous tendance à réduire la personne à son problème ou sommes-nous suffisamment disponibles pour découvrir le potentiel de la personne qui est en face de nous ? C'est ce dernier qu'il faut s'efforcer de dynamiser. Cette attitude constitue par exemple le cœur du travail des spécialistes qui s'occupent des victimes de torture [1] et, plus généralement, de la résilience.

Être résilient ne signifie pas rebondir, au sens strict du terme, mais croître vers quelque chose de nouveau. Ceux qui travaillent avec des enfants victimes d'abus sexuels le savent bien : la plupart d'entre eux ne peuvent revenir en arrière vers une étape de vie meilleure, d'avant l'abus. En revanche, un bon thérapeute peut essayer de conduire ces enfants vers une nouvelle phase de l'existence, où les cicatrices des traumatismes sont intégrées dans une nouvelle croissance. Une telle démarche peut commencer par une réconciliation de l'enfant avec son propre corps, avant de passer à d'autres stades plus élaborés qui permettent l'éclosion d'une nouvelle joie de vivre. Rebondir vers l'état initial est ici impossible, il s'agit plutôt de bondir en avant, d'ouvrir des portes sans nier le passé douloureux, mais en le surmontant. Nom-

1. I. Boesch et P. Zanetti, « Im Kopenhager Rehabilitationszentrum für Folteropfer. Leid in Kraft verwandeln », *Neue Zürcher Zeitung*, 2-3 novembre 1991.

breuses sont les personnes résilientes chez lesquelles le développement personnel s'effectue non seulement *malgré* les difficultés rencontrées, mais au moins en partie *à cause* de celles-ci. Une souffrance personnelle est alors sublimée dans un engagement. De telles histoires ne justifient en rien les souffrances, mais apportent une réponse concrète au défi qui consiste à donner priorité à la vie en dépit d'expériences douloureuses.

Prendre en compte les ressources implique cependant de rester très attentif aux différences individuelles. Le pédopsychiatre Michael Rutter et la psychologue Ana Gisela Silva Pañez ont, parmi d'autres spécialistes, signalé la variété des réponses des enfants, et donc l'existence de différents degrés de résilience, le premier à propos d'enfants confrontés à diverses situations difficiles [2], la seconde au sujet des enfants dans la guerre civile au Pérou [3]. Ces degrés de résilience peuvent théoriquement se répartir entre un maximum, qui concernerait l'enfant ou l'adulte très épanoui chez qui ne subsiste plus aucune trace des difficultés vécues – mais cet être n'existe probablement nulle part –, et un minimum, la « résilience zéro », qui s'avère plus difficile à définir. En effet, si l'effondrement devant les problèmes montre clairement une absence de résilience, qu'en est-il des stratégies d'adaptation qui permettent de vivre mais à un coût élevé ? Par exemple, que penser de la personne traumatisée et apparemment normale, mais qui n'arrive plus à s'engager dans une relation intime ? Ou de celle qui a bien résisté aux terribles conditions de son enfance, mais au prix d'une grande dureté de caractère pour elle-même et ses proches ? Dès lors, la définition de cette zone d'ombre qu'est la résilience zéro dépend beaucoup de l'appréciation de la situation.

---

2. Interview de M. Rutter par K. Sadlier, « L'enfant et la résilience », *Le journal des psychologues*, novembre 1998, n° 162, p. 46-49.

3. A. G. Silva Pañez, *Psychische Widerstandsfähigkeit von Kindern, die politisch motivierter Gewalt ausgesetzt waren*, thèse de doctorat, université de Zurich, 1997.

2. Prendre en compte l'entourage

La résilience nous incite à considérer non seulement la personne, mais aussi son réseau de relations sociales : sa famille d'abord, ses amis, ses voisins, ses camarades de classe ou ses collègues de travail. On peut lire ainsi l'échec de divers programmes visant à réduire la délinquance juvénile, comme le montre une enquête menée par des psychologues américains. Alors que les facteurs de risque qui conduisent un adolescent à la délinquance se situent à de multiples niveaux, l'individu, la famille, la communauté [4], les actions préconisées concernaient uniquement le jeune.

Problème insoluble, alors ? Non, car la même étude montre également que certains projets destinés à lutter contre l'échec scolaire dans l'enfance ont pour effet secondaire de réduire la délinquance à l'adolescence. Les chercheurs parlent d'effet « boule de neige » pour qualifier cette situation. L'objectif premier de ces programmes est d'améliorer les relations entre les parents et leurs jeunes enfants. Dans un quartier pauvre, on a ainsi constaté que, dix ans après la mise en place du programme, le taux de délinquance juvénile était presque quatre fois moins élevé que dans une population comparable qui n'en avait pas bénéficié [5]. Les parents se disaient fiers de l'unité familiale à la maison et du comportement de leurs enfants. De plus, ils conseillaient à ceux-ci d'avoir de hautes aspirations personnelles, contrairement aux parents d'autres familles.

Reste qu'il est parfois indiqué de retirer les enfants à leurs parents. S'aider de l'entourage du jeune pour faciliter la résilience n'est pas toujours possible, en particulier dans les familles marquées par la violence. Lorsque la situation n'est pas trop grave, face au risque de traumatiser une deuxième

---

4. E. Zigler, C. Taussig et K. Black, « Early childhood intervention, a promising preventative for juvenile delinquency », *American Psychologist,* août 1992, vol. 47, n° 8, p. 997-1006.

5. *Ibid.,* p. 1000.

fois l'enfant et de déstabiliser encore plus fortement les parents par une rupture totale, on peut tenter de préserver le potentiel positif de la famille, tout en s'efforçant de limiter au minimum les dégâts. Mais en tout état de cause, seule la situation dans toute sa spécificité peut aider à choisir une démarche.

Le soutien peut également venir de l'extérieur de la famille. Un jeune adulte, qui avait assisté à mon exposé sur la résilience, me ramenait à la gare. En route, il m'expliqua : « Monsieur, ce que vous avez présenté correspond exactement à mon histoire personnelle. Je reconnais tout. J'ai grandi dans une famille violente et chaotique, et j'allais très mal. Mais tout a changé pour moi quand un professeur de l'école m'a dit qu'il était convaincu que je pouvais faire mieux. Cela a été le début d'une autre vie pour moi. »

La résilience peut aussi s'étendre à un groupe plus large que la famille et les proches. Édith Grotberg, qui a dirigé une vaste recherche internationale sur ce concept, souligne l'existence d'une résilience collective, rendant ainsi justice à de nombreuses expériences pratiques, malheureusement dispersées et peu étudiées [6]. En Amérique latine par exemple, le concept de résilience revêt une dimension communautaire, et cela de deux façons [7] : on reconnaît d'une part explicitement que la résilience de l'individu se construit au sein de la communauté, qui joue un rôle essentiel de soutien social ; d'autre part, on prend en compte la résilience en tant que processus collectif. Certains groupes humains se retrouvent en effet anéantis à la suite d'une catastrophe naturelle, comme un tremblement de terre, tandis que d'autres font preuve d'une grande capacité de surmonter les difficultés,

---

6. E. Grotberg, *A guide to promoting resilience in children*, La Haye, Fondation Bernard Van Leer, 1995.

7. Par exemple : E. Nestor Suarez, « El concepto de resiliencia comunitaria desde la perspectiva de la promociòn de la salud », in M. A. Kotliarenco, I. Càceres et C. Alvarez, *Resiliencia, construyendo en adversidad*, Ceanim, Santiago de Chili, 1996.

voire en sortent renforcés. Cette réflexion sur la résilience collective en est encore au stade des hypothèses. Ainsi, Elbio Nestor Suarez propose que l'identité culturelle joue un rôle clé dans ce processus. Cette identité s'exprime sous de multiples formes, que ce soient les traditions, l'expression artistique, ou encore les succès sportifs d'un club local, ces différents éléments contribuant beaucoup à l'estime de soi collective.

Enfin, la résilience se développe dans un contexte socioculturel précis. C'est pourquoi nous avons insisté dans ce livre sur le risque qu'il y a à vouloir transposer à l'identique une expérience vécue dans tel ou tel contexte, vers un autre milieu. Au cours des rencontres que j'ai animées sur le thème de la résilience, il m'est arrivé d'entendre des praticiens m'interroger sur le détail des interventions à effectuer, comme s'ils étaient placés face à un modèle unique de voiture dont la mécanique fonctionnerait sensiblement de la même façon en France, en Inde ou en Argentine. Mais j'ai eu aussi à diverses reprises la satisfaction de constater que l'inspiration générale de la résilience avait été comprise : « Nous n'attendons pas de toi que tu nous dises précisément ce que nous devons faire. Nous arrangerons cela entre nous, car nous connaissons mieux la problématique locale, notre situation, notre culture. » Tenir ce type de propos, c'est avoir pleinement intégré l'idée de « généralisation par inspiration », très différente de celle de reproduction à l'identique.

3. Considérer la personne dans son unité

La résilience nous incite à ne pas regarder une personne comme une série de pièces détachées, mais comme une unité vivante. La tentation existe parfois de chercher LE facteur magique qui remettra tout en ordre, qui nous protégera définitivement contre tous les maux. Ce désir repose sur une confusion entre les conditions nécessaires et les conditions suffisantes pour atteindre un objectif, en l'occurrence la résilience. Par exemple, une relation humaine solide constitue une condition quasiment nécessaire de la résilience ; cependant, dans la plupart des cas, cette condition n'est pas suffisante à long terme. De plus en plus de spécialistes [8] reconnaissent de façon plus réaliste que beaucoup de facteurs interviennent simultanément. Par exemple, l'acceptation de la personne a des répercussions sur l'estime de soi et sur la capacité à découvrir un sens, et ces trois facteurs associés peuvent favoriser l'acquisition de compétences. La confiance grandissante qui en résulte crée un climat qui permet une plus grande ouverture à l'humour. En retour, l'acquisition de nouvelles compétences a généralement des effets positifs sur l'estime de soi, ce qui permet de développer de nouveaux projets, donc éventuellement de réorienter le sens, et ainsi de suite...

Les relations entre ces facteurs ne fonctionnent donc pas sur le modèle de la chaîne (un élément en entraîne un autre, qui en entraîne un autre, etc.), ni du faisceau (un élément en entraîne plusieurs autres). L'image la plus pertinente est celle du réseau, dans lequel les différents facteurs entretiennent des relations complexes, constituées de causalités probabilistes et de multiples phénomènes de retour *(feedback)*. Et c'est dans cet univers complexe et enchevêtré que la résilience peut se construire. Par conséquent, il ne s'agit pas de se focaliser sur un ou deux facteurs susceptibles de rendre la personne résiliente, mais de prendre en considération tout un ensemble d'éléments qui lui sont favorables.

Malheureusement, la spécialisation des différents intervenants fait que la personne n'est pas toujours suffisamment perçue de manière globale. Les compétences des uns et des autres sont tellement particulières qu'il est fréquent de renvoyer une personne d'un service spécialisé à l'autre. Je me souviens d'un exemple extrême d'un tel morcellement : dans

8. Parmi lesquels E. Werner, M. Rutter, A. et A. Clarke, B. Cyrulnik, M. Manciaux.

un pays lointain, l'université de la capitale menait un projet pilote auprès de jeunes filles victimes d'abus sexuels. Toutes étaient suivies par au moins une dizaine de spécialistes, chacun de ces experts s'occupant d'un aspect spécifique du problème. Il ne s'agit pas ici de mettre en cause le dévouement et l'amabilité de ce personnel, mais force est de constater que la démarche adoptée se situe aux antipodes de ce que la résilience aurait inspiré. Si l'on souhaite respecter l'intégralité d'une personne, on ne peut se limiter à une aide aussi spécialisée. Les relations informelles, le soutien des amis ou une coopération harmonieuse entre professionnels et bénévoles constituent souvent une riche alternative.

4. Réfléchir en termes de choix et non de déterminisme

Une vision mécanique et déterministe de l'être humain, selon laquelle telle cause entraîne quasi fatalement telle(s) conséquence(s), nous voile malheureusement trop souvent ses réelles possibilités. La résilience nous invite à percevoir tout le potentiel de l'être humain et à suivre par là même un cheminement non déterministe.

Notre héritage génétique fixe les limites extrêmes de nos possibilités, mais à l'intérieur de ces vastes frontières, nous disposons d'un large éventail de possibilités à exploiter. Me montrant les plantes qui ornaient son bureau, Friedrich Lösel, de l'université de Nürenberg-Erlangen, me fit ainsi remarquer : « Voyez-vous, si j'ai les meilleures semences, mais que je les plante dans un terrain inadapté et que je ne les entretiens pas, les résultats risquent d'être très médiocres. Par contre, si j'ai des semences de qualité moyenne, mais que je leur offre les meilleures conditions de développement, alors le résultat sera certainement plus intéressant. » À chaque étape de notre vie, nous pouvons toujours construire et reconstruire, sans jamais épuiser nos ressources. Même l'athlète qui détient un record mondial dans sa spécialité n'a développé qu'un certain potentiel physique ; il aurait probablement pu exceller dans un autre domaine s'il avait fait d'autres choix et suivi d'autres priorités : dans un autre sport, ou bien comme musicien, plombier, pâtissier, ou encore dompteur...

En conséquence, nous devons apprendre à réfléchir en termes de choix et de stratégies tout au long de la vie. Qui est vraiment formé à penser en termes stratégiques plus que déterministes ? Si le développement de la personne passe par des décisions qu'elle seule peut prendre, nous devons faire preuve de souplesse et d'adaptation. La résilience n'est pas une caractéristique stable de la personne, une sorte de statue taillée dans le marbre, immuable au fil des ans, mais plutôt une capacité qui se construit dans un processus continu, durant toute une vie, par l'interaction entre l'individu et son environnement. Une personne peut donc être plus ou moins résiliente selon les phases de son existence et selon les circonstances. Rien n'est jamais perdu d'avance, mais rien n'est jamais définitivement gagné non plus. Nous ne sommes pas impuissants face aux difficultés de la vie, mais nous ne pouvons pas tout maîtriser non plus [9].

Dans un article au titre suggestif : « Jusqu'à quel point peut-on modifier le chemin de la vie ? », deux chercheurs britanniques, Ann et Alan Clarke, ont résumé les observations qu'eux-mêmes et d'autres auteurs ont réalisées sur le parcours d'enfants qui avaient connu des difficultés importantes, comme des problèmes périnataux, la maltraitance ou l'isolement. Ils constatent que rien n'est joué d'avance et précisent que si nous considérons chaque vie humaine comme un processus dynamique, nous ouvrons alors les yeux sur des enchaînements d'événements non déterministes mais probabilistes. Ce qui signifie qu'un phénomène donné présente une certaine probabilité d'influencer la suite

9. A. et A. Clarke, « How modifiable is the life path ? », *op. cit.*, p. 137-157.

des événements, mais que cela n'a rien d'obligatoire. Et surtout, même s'il y a influence, celle-ci peut prendre des formes très variées.

L'enquête menée par le professeur Bob Holman, un spécialiste du travail social, confirme que la résilience est susceptible de varier avec l'âge [10]. Son expérience avec les familles démunies de Glasgow indique que la phase au cours de laquelle se produit un événement traumatisant tel que le décès du père a beaucoup d'importance : plus le traumatisme intervient tard dans la vie de l'enfant, mieux la résilience peut se construire. Mais une fois que cet événement est arrivé, il est préférable d'agir le plus tôt possible pour ouvrir la voie vers un avenir meilleur.

Cependant, même lorsque les circonstances initiales sont particulièrement défavorables, il est souvent possible de rétablir ultérieurement la situation. Rappelons-nous les résultats de l'étude d'Emmy Werner, qui a suivi le développement d'enfants de la naissance jusqu'à l'âge de trente ans passés : elle a non seulement constaté que nombreux étaient les enfants résilients, mais aussi que parmi ceux qui avaient eu des problèmes à l'adolescence, la plupart prenaient finalement une direction positive entre vingt et trente ans. Presque tous les adolescents qu'elle a pu retrouver adultes se sentaient mieux vers la trentaine qu'ils ne l'avaient été à dix-huit ans [11].

La résilience peut ainsi porter ses fruits à tous les âges de la vie [12]. Même les personnes âgées sont aptes à faire preuve d'une certaine forme de résilience. Une étude très intéressante à ce sujet a été menée par Ellen Langer, professeur de

---

10. Conférence organisée par la NCVCCO à Londres, le 29 novembre 1995. (NCVCCO = National Council of Voluntary Child Care Organisations. Le mot *voluntary* ne signifie pas ici *bénévole* mais plutôt *privé,* par opposition aux services qui dépendent des autorités publiques.)

11. E. Werner et R. Smith, *Overcoming the odds*, Ithaca et Londres, Cornell University Press, 1992.

12. Interview de M. Rutter par K. Sadlier, « L'enfant et la résilience », *op. cit.*, p. 49.

psychologie à l'université Harvard [13]. Elle a divisé les pensionnaires d'une maison de retraite en deux groupes. Dans le premier, les personnes âgées étaient vivement encouragées à prendre davantage de décisions simples pour leur vie quotidienne, par exemple choisir l'endroit où elles recevraient leurs visiteurs, assister ou non à la projection d'un film, et si oui, déterminer le jour. De plus, on confia à chacune de ces personnes une plante verte à soigner. Dans l'autre groupe, toutes les décisions étaient prises par les membres du personnel. On offrit également une plante verte à ces personnes âgées, mais en précisant que les infirmières se chargeraient de l'entretien. Trois semaines après la fin de l'expérience, une évaluation a mis en évidence une très nette amélioration du groupe responsabilisé, en termes de sentiment personnel de bien-être, de participation aux activités de la maison de retraite et de vivacité d'esprit. Dix-huit mois plus tard, les pensionnaires responsabilisés prenaient toujours plus d'initiatives et étaient plus sociables que les autres. Mais la découverte la plus étonnante fut que le changement de comportement se traduisait par un taux de mortalité deux fois moins élevé chez le groupe responsabilisé !

5. Intégrer l'expérience passée dans la vie présente

Le temps cyclique inspiré de la philosophie antique a laissé place à une conception linéaire du temps, confirmée par les physiciens, qui ont constaté l'existence de processus irréversibles dans la nature. Le plus évident concerne le fait que la température passe spontanément du chaud au froid, et non l'inverse. Il existe clairement un « avant » et un « après » pour certains phénomènes physiques, ce qui a poussé le physicien britannique Arthur Eddington à parler de la « flèche

---

13. E. Langer, *L'esprit en éveil. Pour échapper aux pièges des préjugés et des conditionnements*, Paris, Interéditions, 1990, chap. 6, « Vieillir dans un état d'esprit actif ».

du temps »[14]. Cette irréversibilité de certains processus nous permet de nous situer dans le temps.

Il en est de même pour la vie humaine, où il n'existe pas de processus réversible au sens strict du terme. Par exemple, même si je guéris parfaitement d'une maladie, mon état de patient guéri diffère de mon état précédant la maladie, car je ne peux éliminer de mon histoire personnelle l'expérience de la maladie et de la guérison. La « flèche du temps » est ainsi une donnée omniprésente de l'aventure humaine, qu'elle soit individuelle ou collective. Par conséquent, la personne qui a vécu des événements douloureux ne peut être remise à neuf, comme si rien ne s'était produit. Malheureusement cette irréversibilité est facilement confondue avec le déterminisme et le fatalisme. Or, il n'en est rien, car, comme nous l'avons noté précédemment, le passé ne détermine pas totalement le présent. L'avenir n'est pas enfermé par le passé, mais se construit dans un présent qui émerge du passé. Notre éducation, par exemple, n'est qu'un des éléments avec lesquels nous devons bâtir notre avenir.

Cette irréversibilité de l'existence humaine implique, nous l'avons vu, qu'être résilient ne signifie pas rebondir. Le rebondissement – qui consiste à revenir à la situation antérieure – peut éventuellement s'envisager pour des difficultés mineures, des problèmes « réparables ». Mais on ne peut surmonter l'irréparable – par exemple la mort d'un ami intime ou un handicap permanent consécutif à un accident – qu'en ouvrant une nouvelle étape de vie qui intègre ce passé dont les cicatrices demeurent. Cet enchevêtrement de la souffrance passée et de la résilience présente conduit de nombreuses personnes résilientes à faire preuve d'un étrange mélange de force et de fragilité. La fragilité leur vient de l'épreuve *subie*, la force de l'épreuve *surmontée*. Stanislas Tomkiewicz décrit ainsi cette particularité *Janus*

---

14. G. Bodifée, *Het vreemde van de aarde*, Kapellen, De Nederlandsche Boekhandel-Pelckmans, 1986.

bifrons de sa personnalité : « Je veux bien me battre, front haut, pour tout le monde, les chiens, les chats, les orphelins, mais pour moi, c'est toujours comme le petit enfant qui demande un bonbon et qui a peur qu'on le lui refuse. Et si refus il y a, c'est la montée de honte et de haine [15] [...]. »

6. Laisser une place à la spontanéité

Nous véhiculons en Occident un concept de responsabilité qui s'apparente essentiellement à la maîtrise du destin. Une personne estime que sa responsabilité est engagée dans la mesure où elle exerce un contrôle effectif sur les événements. Et, inversement, elle se dégage de toute responsabilité si elle peut prouver qu'elle n'avait aucun contrôle sur ceux-ci. Comme l'écrit Peter Bernstein dans son livre sur le risque dans nos sociétés, « l'essence de la gestion du risque se situe dans la maximalisation des domaines où nous avons un certain contrôle sur le résultat, tandis que nous minimisons les domaines où nous n'avons aucun contrôle sur le résultat et où le lien entre effet et cause nous reste caché [16] ».

Si le sentiment de contrôle personnel est une composante essentielle de la résilience, beaucoup de facteurs échappent partiellement à notre maîtrise. Assimiler totalement la responsabilité au contrôle risque fort de nous faire adopter des comportements excessivement autoritaires. Dans les affaires humaines, la responsabilité doit laisser une large place à la spontanéité. L'acceptation de la personne, la découverte de sens, l'estime de soi, ou encore l'humour, se construisent tous au moins en partie de façon non intentionnelle et perdraient de leur valeur si nous voulions totalement les contrôler. Valoriser la composante non intentionnelle de la responsabilité constitue en fait une priorité dans une société qui, sous

---

15. S. Tomkiewicz, *L'adolescence volée*, Paris, Calmann-Lévy, 1999, p. 204.

16. P. L. Bernstein, *Plus forts que les dieux. La remarquable histoire du risque*, Paris, Flammarion, 1998 ; éd. anglaise, p. 197.

l'influence des exigences de la technologie, limite la responsabilité au contrôle des événements.

Par exemple, on peut postuler que les parents ont pour responsabilité de rendre leurs enfants heureux. Mais on sent bien, en même temps, qu'un tel propos résonne étrangement, car il nous fait glisser de l'univers de la spontanéité vers celui de la technique volontariste. L'acceptation profonde de l'enfant ne peut se transformer en recettes de cuisine. Il est inutile de chercher le bonheur des enfants dans un perfectionnisme toujours plus avancé, qui finit par étouffer la vie. Pour être heureux, un enfant a tout simplement besoin de se sentir aimé et reconnu, ce que les parents font en partie de manière non intentionnelle, par leurs paroles rassurantes et leurs gestes affectueux, le temps passé ensemble, la patience dans l'écoute, l'histoire racontée, le jeu partagé... et aussi le pardon reçu et donné. Ce sont toutes ces petites attentions quotidiennes qui fondent chez l'enfant la conscience de ses possibilités, de ses limites et de ses vulnérabilités. À partir de cette confiance, l'enfant peut graduellement élargir ses expériences et véritablement entrer dans la vie, faite de choses plus ou moins agréables, et tester ainsi ses limites.

Le contrôle n'est cependant pas complètement absent du registre non intentionnel. Une attitude équilibrée consiste par exemple à créer les conditions qui permettent l'éclosion de certains effets désirés, sans contrôler directement ces derniers et en restant ouvert à toute opportunité qui pourrait se présenter et offrir de nouvelles chances éducatives.

7. Reconnaître la valeur de l'imperfection

Au cours de ce livre, nous avons mis en cause l'accent excessif porté de nos jours sur la perfection comme idéal de vie et guide de conduite. Certes, il est possible de viser la perfection dans l'univers de la haute performance, qu'il s'agisse d'artistes, de chercheurs, de sportifs ou de politiciens. Cependant, une telle perfection se paie souvent au prix fort, par exemple par un déséquilibre psychologique [17]. Mais surtout, elle ne peut avoir de sens que dans des domaines limités de l'expérience humaine et pour des catégories particulières de personnes. Le perfectionnisme rend souvent de bien mauvais services aux êtres normalement constitués.

L'esprit de la résilience nous invite à découvrir des chemins de croissance parmi un éventail de possibilités, ce qui nécessite un certain contrôle, mais non la maîtrise totale de la situation. Nous évoluons en cherchant de nouveaux équilibres entre les facteurs de risque et les facteurs de protection que nous rencontrons en chemin, et nous devons être prêts à effectuer des corrections, le cas échéant. Une démarche inspirée par la résilience cherche à rétablir l'équilibre lorsque c'est nécessaire, à partir de ressources puisées en nous-mêmes ou auprès de notre entourage, ou encore auprès de bénévoles et de professionnels.

C'est cette recherche d'un équilibre entre risque et protection qui s'oppose fondamentalement au perfectionnisme. Une démarche éthique doit toujours s'enraciner dans la vie concrète afin d'éviter la dérive vers un usage perfectionniste – et souvent cruel – de la morale. Une autre opposition, encore plus nette, concerne la valorisation de la vulnérabilité. Au cœur des relations les plus intimes se loge la reconnaissance et le respect mutuels de la vulnérabilité de l'autre, de moi-même.

L'imperfection est une composante essentielle de la vie humaine. Le magnifique film *Shadowlands*, qui retrace la vie de l'écrivain anglais C. S. Lewis, illustre remarquablement cela. Une de ses lectrices, admiratrice de son œuvre, lui reproche de se barricader dans un petit monde universitaire parfait, où il sort toujours vainqueur des débats et situations dans lesquels il est impliqué. Au fond, son problème

17. N. Aubert et V. de Gaulejac, *Le coût de l'excellence*, Paris, Seuil, 1991.

est de ne pouvoir qu'être admiré, jamais aimé. C'est l'issue logique, mais tragique, de l'orientation perfectionniste d'un individu particulièrement brillant sur le plan intellectuel. Une telle situation peut durer longtemps, car elle crée l'apparence d'un bonheur paisible, qui n'incite pas au changement. L'individu ne prend généralement conscience de la prison mentale dans laquelle il se trouve, et ne parvient à s'en échapper, qu'à partir d'une interpellation forte consécutive à un événement tragique dans sa vie, ou grâce à l'aide d'un ami perspicace et courageux. Loin de poursuivre une perfection artificielle qui bloque la dynamique de la vie, l'être humain doit plutôt bâtir une stratégie existentielle qui intègre l'acceptation de l'imperfection et une volonté d'amélioration. Cette double attitude constitue le noyau même de la résilience.

Prenons l'exemple de l'éducation parentale. De nombreux ouvrages écrits par des psychologues expliquent quels sont les meilleurs comportements à adopter pour le développement idéal de l'enfant. Leurs auteurs sont généralement animés par les intentions les plus louables et beaucoup de leurs conseils sont très utiles à connaître. Mais outre le fait que les contradictions d'un auteur à l'autre ne sont pas rares lorsqu'il s'agit de décrire le comportement idéal, ces livres véhiculent souvent un postulat plus ou moins explicite : « Agissez comme je vous l'indique et vous aurez des enfants heureux ; sinon... » Le premier risque est de culpabiliser les mères (et depuis peu les pères...), qui, bien entendu, n'arrivent jamais à appliquer parfaitement le modèle qui leur est proposé. Ensuite, ces ouvrages diffusent dans la mentalité collective l'idée que les enfants profondément blessés n'ont pratiquement aucune chance de s'en sortir. Le titre du best-seller *Tout se joue avant six ans* [18] correspond exactement à cette logique implicite. Notons cependant que le titre origi-

18. F. Dodson, *Tout se joue avant six ans*, Paris, Marabout, 1987.

nal anglais était nettement moins déterministe et culpabilisant : *How to parent*, « Comment être parent ».

La surprotection constitue un exemple d'éducation « idéale » dont les effets pervers sont criants. Une vie trop tranquille pousse parfois les jeunes à se créer des défis artificiels, notamment par la drogue ou la prise de risques extrêmes. Ou, inversement, les empêche de se confronter aux difficultés de la vie. Michel Tousignant, professeur de psychologie à l'université de Montréal, a ainsi mené une enquête sur les jeunes engagés dans une secte [19]. Il a rencontré, comme il le supposait, des individus issus de foyers en perdition, mais aussi de nombreux jeunes qui avaient grandi dans une famille unie et hyperprotectrice ! Arrivés à l'âge où l'on prend habituellement son envol, ces jeunes n'arrivaient pas à faire face aux diverses sollicitations de l'existence et ont alors retrouvé dans l'ambiance d'une secte le milieu sécurisant auquel ils avaient été longtemps habitués. Ainsi, trop de risques, comme trop peu de risques, semblent réduire l'adaptation au stress, voire briser l'élan vital. Il s'agit donc de trouver un équilibre entre deux extrêmes : d'un côté, une tension excessive, comme celle imposée à l'enfant de la rue, lequel a surtout besoin d'un minimum de stabilité matérielle et affective ; de l'autre, une vie trop protégée, qui ne laisse pas de place à un quelconque défi à relever, et peut étouffer des personnes sous une apparence de normalité et de sérénité.

8. Considérer que l'échec n'annule pas le sens

L'obsession de la perfection présente parfois un autre risque, celui de nous conduire à évaluer nos actions en fonction du seul critère de succès, qu'on « mesure » en comparant le résultat obtenu avec l'objectif que l'on s'était fixé au

---

19. Intervention lors du colloque « Ces enfants qui tiennent le coup » organisé au théâtre de Châteauvallon, les 20 et 21 juin 1997, sous la présidence de Boris Cyrulnik.

départ. Cette démarche a bien sûr sa raison d'être dans certains domaines, comme en médecine, mais dès que nous touchons au domaine de l'humain, la résilience nous rend sensibles au fait qu'un succès limité, voire l'absence de succès, n'est pas pour autant synonyme d'échec. Un enfant réfugié qui a subi de graves traumatismes psychiques peut, par exemple, conserver des séquelles de son passé, mais parvenir cependant à se construire une vie satisfaisante. Il en est de même pour la jeune fille victime d'abus sexuel et qui arrive à fonder une famille heureuse, quoique avec difficulté.

Plus difficiles à accepter sont peut-être les situations où nous avons l'impression d'échouer complètement dans la tâche que nous nous sommes fixée. La personne suicidaire que nous avons accompagnée finit quand même par se suicider ; le sidéen avec qui nous avions créé des liens vient de s'éteindre. Que penser de cet échec apparent ? L'attitude la plus pertinente est alors probablement de le resituer dans un contexte plus large, en accordant de l'importance au *sens*, qui est à distinguer du succès. En effet, certaines de nos actions n'aboutissent pas à un succès, mais cela ne signifie pas pour autant qu'elles soient dépourvues de sens. C'est précisément le cas de l'accompagnement du sidéen ou du suicidaire qui finissent par mourir. Si nous voulions nous engager uniquement dans des activités à succès garanti, nous devrions considérablement appauvrir notre existence et nous désolidariser de toutes les grandes souffrances. Une vie riche se tisse d'un mélange d'activités qui apportent un maximum de sens pour nous-mêmes et pour les autres, certaines étant couronnées de succès, d'autres pas. En fin de compte, le sens est bien plus déterminant pour la richesse d'une vie que le succès. Bien entendu, il ne s'agit pas de négliger les possibilités de succès, en se disant que, de toute façon, ce qui n'aura pas de succès pourrait éventuellement avoir du sens. Un tel raisonnement est intellectuellement et moralement très critiquable. Nous avons aussi besoin de certains succès pour pouvoir construire, et une véritable solidarité à l'égard d'autrui se base sur un mélange de succès et de sens.

Admettre l'idée que le risque d'échec n'ôte rien au sens de l'action ne conduit pas à s'accommoder mollement des faiblesses humaines. Il n'y a d'ailleurs rien de « mou » dans l'accompagnement des mourants, des suicidaires ou des sidéens. Au contraire, assumer un engagement sans garantie de succès exige une grande générosité et force d'esprit.

9. Adapter son action

Un scientifique qui constate un manque de connaissances dans le domaine qu'il souhaite étudier conclut généralement que des études supplémentaires sont nécessaires. Mais dans la vie pratique, que nous intervenions comme travailleur social, enseignant, psychothérapeute, membre d'une ONG, ou simplement dans notre vie privée, nous sommes en permanence appelés à prendre des décisions sans disposer de connaissances complètes. Cette situation fort répandue est au cœur même de la résilience. La question concrète qui se pose est de savoir quelles sont les connaissances nécessaires pour prendre des décisions satisfaisantes. Je pense que la recherche de stratégies constitue une piste de réflexion fructueuse qui fournira dans l'avenir des données aussi positives qu'inattendues, parfois généralisables, parfois seulement contextuelles, mais toujours utiles.

Les spécialistes de la résilience parlent souvent de facteurs de risque et de facteurs de protection [20]. Cette distinction, à

---

20. Notamment, E. Werner, « Children of the garden island », *op. cit.*, p. 76-81. S. S. Luthar et E. Zigler, « Vulnerability and competence : a review of research on resilience in childhood », *American Journal of Orthopsychiatry,* janvier 1991, vol. 61, n° 1, p. 6-22. M. B. Thorpe et G. T. Swart, « Risk and protective factors affecting children in foster care : a pilot study of the role of siblings », *Canadian Journal of Psychiatry,* novembre 1992, vol. 37, p. 616-622. N. Grizenko et C. Fisher, « Review of studies of risk and protective factors for psychopathology in children », *Canadian Journal of Psychiatry,* décembre 1992, vol. 37, p. 711-721.

première vue pertinente, conduit logiquement à vouloir augmenter les facteurs de protection et diminuer les facteurs de risque. Or, la réalité se révèle bien plus complexe. Tout d'abord, il est parfois difficile de discerner dans les circonstances concrètes de la vie ce qui constitue un facteur de risque ou un facteur de protection. Plus exactement, le même élément peut se présenter tantôt comme facteur de risque, tantôt comme facteur de protection, selon les circonstances. Le professeur Michael Rutter souligne ainsi qu'« un enfant résilient dans un certain type de situations peut ne pas l'être dans d'autres circonstances. [...] On doit se demander quels sont les facteurs qui amènent la résilience dans certaines situations, pour certains enfants, et pas dans d'autres situations ou pour d'autres enfants [21]. »

C'est ainsi que le comportement d'un enfant de la rue est souvent risqué, mais nécessaire à sa survie, et donc paradoxalement aussi facteur de protection. Par exemple, certains enfants des rues élaborent parfois collectivement une stratégie efficace mais téméraire pour gagner de l'argent. L'un d'entre eux se jette sur une voiture après qu'elle a démarré à un feu vert. Le gamin reste étendu sur la chaussée, apparemment inanimé. C'est alors que surgissent ses camarades qui disent au conducteur qu'ils doivent l'emmener à l'hôpital et exigent de l'argent. L'enfant s'en tire en fait généralement avec quelques bleus et égratignures. Ce comportement à risque perd évidemment sa valeur adaptative si l'enfant est placé dans une autre situation, et devient alors néfaste à son bon développement.

Un exemple typique d'ambivalence risque-protection est fourni par le soutien des proches. La famille, facteur de protection pour les enfants de la guerre, est par définition facteur de risque pour les enfants maltraités. De même, rappelons-nous le témoignage de ces femmes noires élevant seules leurs

---

21. Interview de M. Rutter par K. Sadlier, « L'enfant et la résilience », *op. cit.*, p. 48.

enfants dans des quartiers très pauvres et à haut niveau de violence. C'est en prenant des distances avec leur famille, avec le père de leurs enfants et plus largement avec leur voisinage qu'elles peuvent le mieux assurer leur rôle éducatif.

Plutôt que d'établir une distinction systématique entre facteurs de risque et facteurs de protection, il semble donc préférable de discerner dans chaque situation ce qui est risque ou protection, en utilisant des critères adaptés au contexte et aux personnes concernées. Évitons de nous fonder sur nos propres critères de jugement *a priori*, essayons plutôt de comprendre les stratégies de survie, la logique de la personne qui doit faire face à d'énormes difficultés ; en bref, efforçons-nous, dans la mesure du possible, de comprendre sa situation de l'intérieur. On découvrira alors souvent une cohérence sous-jacente très forte à des comportements apparemment surprenants et qui résistent aux bonnes intentions des professionnels. Par exemple, une adolescente de la rue qui vit dans un milieu violent n'est généralement pas accessible aux campagnes de prévention contre le sida, tout simplement parce que son horizon temporel est limité par la contrainte de la survie immédiate. « À quoi bon me protéger, pense-t-elle, contre une maladie que j'aurai peut-être un jour, alors que je ne sais même pas si je serai encore en vie demain ? » La nécessité de la prévention, évidente pour la plupart des adultes, apparaît à cette enfant comme un problème lointain et purement théorique, ce qui impose aux professionnels de modifier leurs stratégies d'intervention.

Mais nous devons encore approfondir notre réflexion. Faut-il parler séparément de risque et de protection ou prendre en compte la *relation* entre ces deux types de facteurs ? En effet, la résilience – et plus généralement la vie – n'est-elle pas souvent le produit d'un certain équilibre entre facteurs de risque et de protection ? Si tel est effectivement le cas, c'est le déséquilibre qui détruirait la résilience. Il existe en physique une notion bien connue, celle d'équilibre stable ou instable. Un équilibre stable risque peu d'être ébranlé si les conditions environnantes changent, tandis qu'un équilibre instable peut, à la suite d'une légère modification de ces conditions, se trouver vite déstabilisé ! L'exemple de Jacques Mesrine, évoqué au chapitre 3, illustre parfaitement cette situation en sciences humaines. Cet homme n'était pas encore parvenu à construire un équilibre stable, c'est-à-dire un équilibre qui se maintienne même si le contexte change, si le rapport entre facteurs de risque et de protection se modifie. D'où la question : quels sont les facteurs qui renforcent la stabilité de l'équilibre et ceux qui, au contraire, la mettent en péril ?

L'image de la *casita*, présentée de façon détaillée en annexe, me conduit à formuler deux hypothèses. D'une part, les diverses pièces de la *casita* me semblent contenir des facteurs de protection *et* de stabilisation de l'équilibre. De plus, ce sont surtout les fondations et le rez-de-chaussée (acceptation, soutien social, sens et projet) qui contribuent à la stabilisation, tout en étant aussi facteurs de protection. Concrètement, la femme qui constitue un point d'appui solide pour son mari au chômage, ou encore l'ami qui ne vous laisse pas tomber quand tout va mal remplissent ce rôle essentiel.

Mais que le lecteur ne se méprenne pas sur mes propos. Je ne pense évidemment pas qu'équilibre « stable » signifie équilibre « immobile ». Raisonner ainsi obligerait à conclure que l'équilibre le plus stable est la mort ! Dans le contexte de la résilience, l'équilibre stable ne peut être que dynamique. Car le risque est inhérent à la vie, et la surprotection risque de détruire à long terme la résilience, parfois plus sûrement que la violence, bien que de façon moins visible et moins choquante pour la société... En fait, une bonne éducation devrait favoriser le déplacement continu de cet équilibre entre risque et protection, en ouvrant l'enfant à de nouvelles expériences (risques), mais dans un cadre sécurisant et en tenant compte de ses limites (protection). L'enfant pourra ainsi augmenter progressivement sa capacité de se défendre et de construire sa vie dans des circonstances variées, qu'elles soient positives ou négatives (résilience).

10. Imaginer une nouvelle forme de politique sociale

Située au carrefour de l'individu et de la société, la résilience nous invite au dépassement des clivages idéologiques traditionnels. Elle nous incite à chercher une voie entre les politiques sociales qui concentrent trop de responsabilités chez l'individu et celles qui attendent trop des cadres structurels de l'État. Le défi à relever n'est pas mince : comment mettre en place des cadres économiques et des services sociaux qui stimulent les ressources des personnes, sans que cela entraîne une trop grande dépendance à l'égard de ces mêmes services ? Il est nécessaire de réfléchir à la manière dont les différents niveaux d'action – individuel, local, régional, national, international – peuvent s'imbriquer pour favoriser la construction de la résilience. Comment une action globale cohérente inspirée par la résilience peut-elle se mettre en place en intégrant des domaines aussi divers que la législation, l'économie, les soins de santé, la protection sociale ?

Bien que ces questions dépassent le cadre de ce livre, une double orientation peut être d'ores et déjà suggérée : d'une part la mobilisation des ressources des personnes et des communautés, afin qu'elles se prennent le plus possible elles-mêmes en charge, en cercles concentriques à partir des individus ; d'autre part, la solidarité avec les plus démunis, comme les handicapés graves par exemple. Il ne s'agit plus de rejeter la responsabilité d'un niveau sur un autre, puisque tous ces niveaux s'imbriquent.

J'ai parfois entendu des observations du genre : « Si moi j'ai pu le faire, alors tout le monde peut y arriver » ; ou encore : « À quoi bon gaspiller de l'argent dans une politique sociale si les gens s'en sortent de toute façon ? » Ces idées sont aussi erronées que dangereuses car elles ne tiennent pas compte des diverses nuances que nous avons apportées ci-dessus. Trois arguments peuvent être opposés à ces raisonnements qui simplifient une réalité nécessairement complexe.

Tout d'abord, même si toutes les personnes souffrant de traumatismes dans l'enfance s'en sortaient très bien à l'âge adulte, on ne pourrait en conclure qu'il ne faut rien faire. Car cela viendrait à considérer que les années enfantines sont finalement peu importantes, qu'il n'est pas si grave qu'un enfant souffre jeune si cette douleur est appelée à s'arrêter un jour.

Ensuite, la résilience n'est pas absolue, ce qui peut se comprendre de deux manières. D'une part, toute personne résiliente garde malgré tout des séquelles de son passé. Ce qui peut la conduire à passer par des hauts et des bas, à jouir de périodes ensoleillées et à subir des phases sombres. D'autre part, la résilience présente des limites, différentes pour chacun, au-delà desquelles l'individu « craque ». On peut résister, certes, mais jusqu'à un certain point seulement.

Enfin, tout le monde n'est pas résilient. Si la grande majorité des personnes ayant vécu des situations difficiles s'en sortent finalement assez bien, il reste cependant des blessés de la vie qui n'arrivent pas à surmonter leur douleur. Certains glissent vers la dépression, d'autres vers un comportement asocial, voire vers la délinquance. Cela implique très concrètement que nous devons stimuler la résilience, par exemple en favorisant l'insertion économique et sociale des jeunes « à haut risque », plutôt qu'en raisonnant uniquement en termes de répression. Si cette action est menée suffisamment tôt, elle évitera au jeune d'entrer dans la spirale infernale de la délinquance.

Une loi française du 4 janvier 1993 va dans cette direction, car elle vise précisément à redonner leur chance aux jeunes délinquants, par la responsabilisation. Elle permet en effet au magistrat de proposer à ces jeunes « une activité d'aide ou de réparation à l'égard de la victime ou dans l'intérêt de la collectivité ». Cette mesure a été mise en place comme alternative à l'incarcération, celle-ci ayant des effets aussi négatifs que l'absence de sanction. Dans un ouvrage récent, Maryse Vaillant, psychologue clinicienne chargée de mission à la Protection judiciaire de la jeunesse, montre tout l'intérêt de cette mesure, à travers plusieurs cas [22]. Par exemple celui de Michel, seize ans, supris en flagrant délit de « taguage » sur un immeuble par une patrouille de police. Il a dû nettoyer les tags puis prendre part à la distribution de sacs destinés à la collecte de vêtements pour une association caritative. Pour un délit analogue, Franck a proposé au juge de se rendre utile auprès de personnes âgées et a donc été adressé à une maison de retraite. Résultat : la personne chargée de son suivi estime son travail globalement satisfaisant, Franck ayant un excellent contact avec les résidents, qui l'apprécient et le réclament. Quant à Rachid, qui a commis un vol avec violence, il a travaillé une semaine dans une permanence de Médecins du Monde, où il a aidé au nettoyage des locaux et participé à l'accueil des usagers. Dans cet environnement, il a su prendre des initiatives, notamment s'occuper de petits enfants.

Bien sûr, une minorité de jeunes restent rebelles à toute forme d'intervention judiciaire. Mais cette mesure permet en général au jeune de se sentir utile, de sortir du double statut de délinquant et d'assisté. Elle s'inscrit, souligne Maryse Vaillant, dans une logique « de la responsabilité, de la capacité de chacun à répondre de ses actes », et « peut permettre au mineur et à sa famille de retrouver la dignité et l'estime dans un quartier [23] ». Par ailleurs, cette mesure ne nie pas la souffrance de la victime ; celle-ci se sent même parfois pleinement apaisée lorsqu'une rencontre est organisée avec le jeune et que celui-ci lui présente ses excuses.

M. Vaillant souligne explicitement la proximité entre cette mesure et le processus de résilience, et précise que « ce qui se dégage des discours des professionnels [...], c'est que la réparation donnerait de la force, de l'énergie pour transformer les

---

22. M. Vaillant, *La réparation. De la délinquance à la découverte de la responsabilité*, Paris, Gallimard, 1999, p. 15-16.
23. *Ibid.*, p. 20-21.

difficultés de la vie en partage, en capacité de créer, en pouvoir de donner. La réparation répare l'estime de soi[24]. »

Toutes ces propositions s'inscrivent dans le cadre d'une « espérance réaliste ». Certes, les deux termes « espérance » et « réalisme » sont le plus souvent opposés. Mais la résilience nous invite à les associer et à cheminer entre ces deux abîmes que sont le cynisme et l'illusion.

En Occident, le cynisme tente souvent de se dissimuler sous les habits du réalisme. Mais en y regardant de plus près, on constate qu'il s'agit en fait d'un faux réalisme, amputé de tout ce qui est positif et de ce qui fait la richesse de la vie. L'injonction « Soyons réalistes ! » suivie d'un catalogue de points négatifs est une manifestation d'irréalisme, car la vie ne se construit jamais de cette façon.

La résilience s'oppose donc au cynisme parce qu'elle cherche toujours l'élément positif, même le plus ténu, pour se frayer son propre chemin. Mais elle s'oppose aussi aux illusions, qui plongent leurs racines non dans la vie, mais dans nos désirs. Ni cynisme ni illusion, l'espérance est à la fois l'aiguillon et la conséquence de la résilience. L'aiguillon, parce que dans la pire des situations, c'est elle qui nous fait croire en l'avenir. L'explorateur polaire norvégien Boerge Ousland en a témoigné : quand tout allait mal, quand il n'en pouvait plus, il s'accrochait à l'idée que la situation ne pouvait que s'améliorer. Nombreuses sont les personnes résilientes qui ont vécu des expériences similaires et peuvent témoigner que c'est parfois dans les moments les plus désespérés que la délivrance est la plus proche. Le tournant positif, parfois inattendu, porte en germe l'espérance.

Une espérance réaliste.

24. *Ibid.*, p. 81.

Annexes

La *casita*, une maisonnette pour mieux comprendre la résilience

Comment synthétiser de la manière la plus claire et la plus efficace possible les résultats de multiples recherches scientifiques portant sur la résilience ? Nous nous posions cette question il y a quelques années, deux collègues – de l'Argentine et de l'Uruguay – et moi-même, autour d'une table de restaurant à Santiago du Chili, alors que nous préparions une rencontre destinée à présenter la résilience devant un public de professionnels de l'enfance. Une idée m'est alors venue : je dessinai à mes collègues les contours et les pièces d'une maisonnette. Après discussion, nous avons décidé que ce modeste petit schéma ferait l'affaire.

Chaque pièce de la *casita* représente un domaine d'intervention potentielle pour ceux qui désirent contribuer à construire, à maintenir ou à rétablir la résilience. Il ne s'agit là que de suggestions. À chacun de discerner ensuite, dans la situation concrète, dans quels domaines précis il peut agir, et dans quels autres il est préférable d'attendre. L'idéal est évidemment d'intervenir dans plusieurs domaines à la fois, mais les circonstances concrètes ne le permettent pas toujours. Ensuite, il décidera des actions précises qu'il mènera dans chaque domaine, autrement dit des meubles qu'il disposera dans les chambres de la *casita*.

Le résultat a dépassé nos espérances, puisque la *casita* a suscité un grand enthousiasme parmi nos amis chiliens. Sa force vient peut-être de ce qu'elle propose, à travers un symbole puissant – la maison, le foyer –, une réponse souple et pragmatique au besoin profondément ressenti sur le terrain de mieux comprendre et utiliser les connaissances scientifiques, l'expérience des praticiens, mais aussi des personnes, adultes et enfants, que ces praticiens essaient d'épauler.

Depuis ce jour, la *casita* est restée et a même fait le tour du monde, essentiellement pour deux raisons : elle semble répondre efficacement au besoin d'une synthèse pratique, et son nom est facilement prononçable par de multiples groupes linguistiques. La *casita* a donc été bien accueillie par un grand nombre de professionnels, qu'ils soient éducateurs, pédiatres, psychologues, assistantes sociales, dans plus de quinze pays : la France, l'Angleterre, la Belgique, la Suisse, l'Italie, l'Espagne, l'Estonie, les États-Unis, le Chili, l'Uruguay, l'Argentine, le Brésil, l'Équateur, l'Inde, Taiwan, les Philippines, le Mali, etc.

Faute de moyens, je n'ai malheureusement pas pu observer de près l'usage effectif qui a suivi cet accueil, mais je sais, par exemple, qu'en Belgique et en Inde la *casita* a directement inspiré certaines actions destinées à favoriser la résilience. En Belgique l'association Kind en Samenleving (Enfant et société) l'utilise dans les écoles pour une meilleure prise en charge des élèves ; à Madurai, dans le Sud de l'Inde, le programme Nanban pour les enfants et les jeunes de la rue a même organisé un festival de la résilience, basé sur la *casita*, qui a ouvert de nouvelles pistes pour les enfants comme pour les éducateurs.

La *casita* représente sous une forme sommaire les grands thèmes développés dans ce livre. Il y a d'abord le sol sur lequel elle est construite : il s'agit des besoins matériels élémentaires comme la nourriture et les soins de santé de base. Tous ceux et celles qui travaillent dans des conditions extrêmes savent l'importance de ces facteurs, eux qui sont amenés à aider les enfants de la rue ou du quart-monde, en prison, exploités sexuellement, ou encore tentant de survivre dans les camps de réfugiés... En visitant un programme pour enfants de la rue souvent piégés dans la prostitution, j'ai ainsi vraiment pris conscience du fait qu'un besoin aussi élémentaire que le sommeil avait parfois besoin d'être comblé avant toute autre chose. Le programme était situé près de Times Square à New York, bien avant l'assainissement de

« Casita » : la construction de la résilience

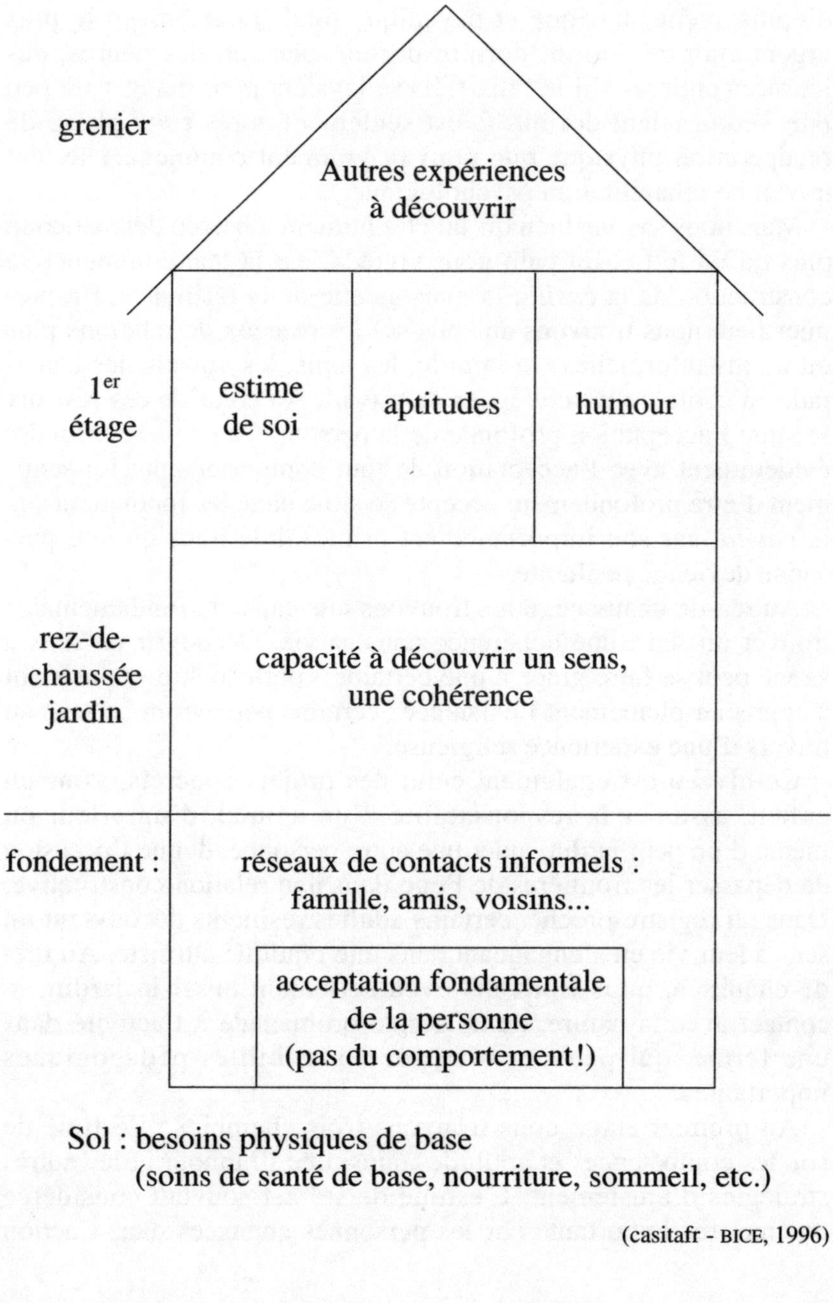

(casitafr - BICE, 1996)

ce quartier. La drogue, la violence, la prostitution dominaient alors la scène. La directrice du programme, elle-même une ex-prostituée, expliquait que les enfants y arrivaient dans un état d'épuisement physique et psychique total. Leur besoin le plus urgent était de dormir, dormir, dormir, pendant des heures, des journées entières s'il le fallait. Ils se levaient pour manger un peu puis retournaient dormir. C'est seulement après cette phase de récupération physique que pouvait vraiment commencer le lent travail de réhabilitation psychologique.

Mais nous savons bien qu'un être humain a besoin de beaucoup plus qu'un toit et du pain pour vivre. C'est là que commence la construction de la *casita*, la maisonnette de la résilience. En premier lieu, nous trouvons au sous-sol les réseaux de relations plus ou moins informelles : la famille, les amis, les voisins, les camarades d'école ou les collègues de travail. Au cœur de ces réseaux se situe l'acceptation profonde de la personne, à ne pas confondre évidemment avec l'acceptation de tout comportement ! Le sentiment d'être profondément accepté se situe dans les fondements de la *casita*, car son importance est primordiale pour qu'une personne devienne résiliente.

Au rez-de-chaussée, nous trouvons une capacité fondamentale : trouver un sens, une cohérence dans sa vie. Découvrir un sens à sa vie peut se faire grâce à une certaine « philosophie » consistant à apprécier pleinement l'existence ; certains percevront ce sens au travers d'une expérience religieuse.

Ce niveau est également celui des projets concrets. Pour un enfant, assumer la responsabilité d'un animal, d'une fleur ou même d'un petit jardin, aider une autre personne, donne l'occasion de dépasser les frontières de l'ego dans une relation constructive. Dans un registre proche, certains adultes résilients découvrent un sens à leur vie en s'engageant dans une pratique altruiste. Au rez-de-chaussée, nous trouvons éventuellement aussi le jardin, le contact avec la nature, de la simple promenade à l'activité dans une ferme, qui peuvent offrir des possibilités pédagogiqucs importantes.

Au premier étage nous trouvons trois chambres : l'estime de soi, les compétences et aptitudes, ainsi que l'humour et les autres stratégies d'ajustement. L'estime de soi est souvent considérée comme très importante par les personnes engagées dans l'action auprès des prisonniers ou dans la lutte contre l'exploitation sexuelle. Les compétences sont peut-être le domaine où les interventions sont les plus faciles parce qu'il est plus simple d'enseigner des compétences que d'autres domaines. Toutefois, isoler les compétences des autres parties de la *casita* pourrait créer des déséquilibres et se révéler inefficace, parfois même dangereux. Quant à la troisième chambre de cet étage, elle contient les stratégies d'ajustement, qui servent non seulement à protéger l'individu de souffrances trop lourdes à porter, mais aussi à libérer des énergies, à fournir une autre perspective sur la réalité. La plus importante d'entre elles est certainement l'humour, qui, de même que le jeu, est trop souvent oublié alors qu'il constitue une force considérable de résilience dans beaucoup de situations.

N'oublions pas le grenier : il correspond à l'ouverture vers d'autres expériences, parfois très localisées mais qui peuvent contribuer à la résilience. Ne nous enfermons pas dans des schémas contraignants qui risqueraient de nous fermer les yeux devant la réalité. Ces possibilités d'ouverture sont donc très diverses, ce peut être une personne rayonnante, un passé positif, la beauté d'un paysage proche, etc.

La *casita* de la résilience n'est pas une structure figée. Comme une véritable maison, elle doit d'abord être construite, elle a ensuite une histoire, et elle a enfin besoin de soins et de réparations. Comme dans une maison réelle, les chambres communiquent entre elles par des portes et des escaliers : les domaines de la résilience sont liés. Parcourir la *casita* en nous interrogeant sur les points forts et sur les manques peut servir à détecter les forces et les faiblesses d'une personne et de son entourage. On peut s'efforcer, à partir d'un tel constat, de découvrir la meilleure orientation à prendre. Rien n'empêche d'ailleurs de chercher, dans certains cas, un diagnostic professionnel approfondi. N'oublions jamais que la résilience n'est qu'une approche et que la *casita* n'est qu'un instrument de travail. Il ne s'agit jamais d'une solution miracle à tous les problèmes.

Au cours de sessions de présentation de la résilience, j'ai souvent demandé à des professionnels de redessiner ensemble, en petits groupes, une *casita* qui corresponde à leur expérience. Les résultats sont étonnants. La même structure de base revient, mais sous des formes très variées. Il y a bien entendu l'aspect architectural qui varie : ferme estonienne, plan indien, construction chinoise très élaborée. Mais il y a aussi des différences qui révèlent des nuances concernant la conception même de la résilience, d'une culture à l'autre. Par exemple, les groupes appartenant à des pays occidentaux, à culture individualiste, ont tendance à détailler avec précision le contenu de la *casita*, tandis que les membres de sociétés plus communautaires ont plutôt tendance à intégrer la *casita* dans un contexte élargi. Par exemple, en Équateur, des professionnels de l'enfance ont estimé tellement importante l'insertion dans la communauté qu'ils ont situé la *casita* dans un petit village avec école, église et d'autres maisons autour. Des éducateurs chiliens ont souligné l'importance dans leur culture du *cariño* – terme difficile à traduire dont le sens se situe entre amour, affection, chaleur humaine – et ont donc placé une cheminée dans la *casita*. Certaines trouvailles sont originales. Par exemple, en Inde, des participants à un programme pour enfants de la rue ont placé les toilettes, ce qui indique la nécessité de pouvoir éliminer les tensions. Mais un des groupes a eu une idée encore plus pertinente, en reliant les toilettes à un système de biogaz, pour exprimer l'idée qu'il faut transformer les choses négatives en quelque chose de constructif.

La *casita* ne doit pas impérativement suivre l'ordre présenté ici, le plus important étant qu'elle fonctionne comme un instrument de relecture de la vie, de sensibilisation et d'échange. La personne qui souhaite favoriser la résilience chez autrui va commencer à travailler là où elle peut, en se fixant des priorités selon les besoins. Par exemple, l'estime de soi devrait, selon l'expérience de certains, être placée parmi les fondements, ou comme quatre piliers qui supportent le toit et la structure de la maison. Les compétences sont souvent une bonne base de départ, qui permet de toucher rapidement les autres composantes de la résilience. Il s'agit d'abord de valoriser les compétences existantes, avant d'en construire de nouvelles.

La *casita* peut être utilisée dans de multiples situations pour se faire une idée de la résilience manifeste ou potentielle d'un individu, mais aussi d'un groupe. Ce dernier cas de figure n'est pas toujours facile car il exige déjà une certaine intimité avec les membres du groupe. On peut aussi utiliser la *casita* pour vérifier comment un projet ou une activité peuvent contribuer à la résilience. Par exemple, le directeur d'un programme pour enfants de la rue en Amérique centrale me confiait un soir comment il avait essayé de meubler les chambres de la *casita* par les activités de son programme. L'homme en question est un spécialiste reconnu internationalement, mais il avouait qu'il y avait deux chambres qu'il n'arrivait pas à meubler, le sens et l'humour. Évidemment les enfants et les membres du personnel riaient bien, mais on n'avait jamais reconnu l'humour et le sens comme potentiels de croissance. La *casita* a ainsi pu faciliter une prise de conscience, et j'espère que cela a profité aux enfants et à l'équipe. Signalons au demeurant que le cas opposé n'est pas à exclure : on peut éventuellement trouver des activités, des « meubles » qui ne rentrent dans aucune chambre de la *casita*. Dans ce cas, il faut redessiner la maison et rajouter une chambre quelque part.

On peut même utiliser la *casita* pour vérifier comment une activité pourrait contribuer à la résilience. Un match de foot amical, par exemple, peut conduire à un comportement très agressif et compétitif. Mais il peut tout aussi bien être une école de partage, de solidarité, et permettre l'apprentissage d'une série de compétences telles que le contrôle de soi et l'esprit d'équipe, il peut devenir une source de joie. Tous les éducateurs savent bien que certaines activités collectives bien gérées peuvent contribuer à renforcer des jeunes en difficulté, même si l'on ne parle pas forcément de résilience : une expédition en bateau, la danse en groupe, et tant d'activités où il faut construire quelque chose ensemble, où les uns ont besoin des autres. La *casita* peut en principe inciter à approfondir ces activités et à en développer de nouvelles.

Comme une maison réelle la *casita* peut subir les conséquences de désastres, tels que les tremblements de terre et les ouragans : le décès d'un parent, la perte d'emploi, une maladie grave, la guerre, la nécessité de tout abandonner et de fuir, les abus, les violences, etc. La *casita* de la résilience peut se trouver détruite, et doit alors être reconstruite.

Dans un pays africain, une assistante sociale m'a raconté l'histoire d'un garçon dont toute la *casita* s'était, pour ainsi dire, écroulée. Il avait fui la guerre civile dans son pays, tous les membres de sa famille ayant été tués, parfois devant ses yeux. Arrivé dans la capitale d'un pays voisin, il a essayé de survivre dans la rue, mais a été pris en flagrant délit et mis en prison, où il a été oublié, faute de famille et d'amis. Où commencer à reconstruire et comment ? L'assistante sociale a établi une relation avec le garçon. C'est bien là le point de départ, même si cette relation est parfois minimale. Elle a cherché en lui cette flamme positive capable de ranimer les forces de vie et a finalement découvert que le garçon avait un talent pour le dessin. Elle l'a donc encouragé à développer cette compétence, ce qui a eu évidemment un effet bénéfique sur l'estime de soi du garçon. De là s'est développé un intérêt pour le batik, puis est venue l'idée de démarrer un petit commerce de batik à la sortie de prison, ce qui a nécessité de nouveaux apprentissages, cette fois-ci commerciaux. Le garçon est sorti de prison et a pu développer son commerce.

Cet exemple montre bien que tout se tient, la relation et le soutien de l'assistante sociale, l'estime de soi, les compétences, le sens, et finalement aussi la joie qui revient. Bien entendu, il ne faut pas se leurrer, le processus n'a pas été une progression linéaire sans faille. Il y a eu des hauts et des bas, mais la tendance générale fut clairement à la hausse. Cet exemple illustre parfaitement la résilience : la reconstruction d'une existence qui se fraye un chemin parfois improbable, mais qui ne se donne pas facilement pour battue. Un parcours semé de difficultés, certes, mais qui est conduit par l'espoir.

Enfant maltraité = parent maltraitant ?
Une illusion d'optique

Il est habituel de considérer que les enfants maltraités seront de futurs parents maltraitants. Or, les travaux portant sur la « transmission intergénérationelle de la maltraitance » doivent être examinés avec prudence, car les résultats divergent fortement selon la méthode utilisée. Soit on s'intéresse au passé de parents maltraitants (méthode dite *rétrospective*) : on constate qu'une majorité de ces personnes ont été elles-mêmes victimes de sévices durant leur enfance. Soit on étudie l'évolution d'enfants maltraités (méthode dite *prospective*) : on constate qu'une minorité seulement reproduit le comportement parental, quand ils ont eux-mêmes des enfants.

John Kaufman et Edward Zigler, du département de psychologie de l'université de Yale, font ainsi remarquer qu'*à partir des mêmes données factuelles*, le taux de transmission intergénérationnelle peut varier de 18 à 90 %, selon la procédure retenue [1] ! Ils reprennent une enquête menée auprès de 282 parents d'enfants admis dans un service de soins intensifs pour enfants [2]. Les interviews ont permis de constater que 49 de ces parents avaient été

---

1. J. Kaufman et E. Zigler, « Do abused children become abusive parents ? », *American Journal of Orthopsychiatry*, avril 1987, vol. 57, n° 2, p. 186-192.

2. R. S. Hunter et N. Kilstrom, « Breaking the cycle in abusive families », *American Journal of Psychiatry*, octobre 1979, vol. 136, n° 10, p. 1320-1322.

maltraités durant leur enfance. Un an plus tard, on note que 10 enfants ont été maltraités, dont 9 étaient issus de parents anciennement maltraités eux-mêmes. Le tableau ci-dessous montre les taux différents que l'on obtient à partir de cette enquête.

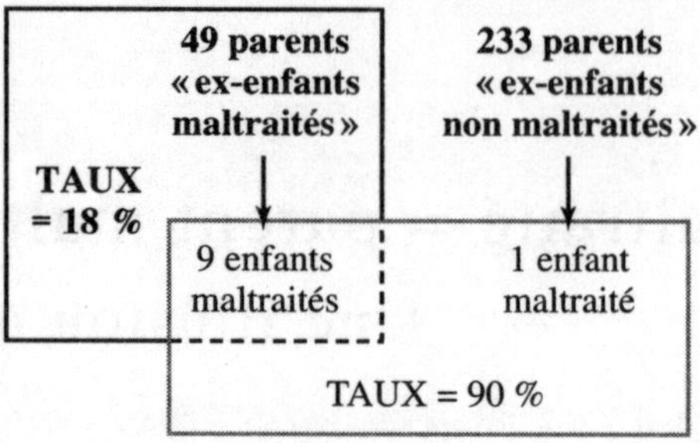

TAUX = 18 % selon une procédure prospective : sur 49 parents « ex-enfants maltraités », 9 deviennent parents maltraitants.

TAUX = 90 % selon une procédure rétrospective : sur 10 enfants maltraités, 9 sont issus de parents « ex-enfants maltraités ».

Notons cependant que le risque de violence est nettement plus élevé chez les parents ayant été eux-mêmes maltraités : environ 45 fois plus important dans cette population (18 %) que chez les parents qui n'ont pas été maltraités eux-mêmes (1 enfant maltraité pour 233 parents non maltraités, soit 0,4 %).

Cette étude montre donc à la fois le risque plus élevé d'être maltraitant quand on a été soi-même maltraité, mais également le fait que, dans la plupart des cas, ce risque ne se transforme pas en réalité.

Les auteurs de cette recherche soulignent que les parents qui ont stoppé le cycle de la violence diffèrent des autres sur les points suivants : ils ont bénéficié, au cours de leur développement, du soutien d'une personne qui leur a procuré de l'affection, ils ont aujourd'hui des amis ou des proches susceptibles de les aider, ont des bébés en meilleure santé, sont ouvertement irrités de leur passé difficile et résolus à ne pas le reproduire.

On constate le même biais statistique lorsqu'il s'agit d'enfants placés, comme le montre la comparaison des chiffres obtenus par deux enquêtes françaises sur les enfants placés par les services d'aide à l'enfance. Utilisant la méthode rétrospective, Marie Anaut, maître de conférences à l'université Lyon II, a étudié l'origine d'un groupe de 56 enfants placés en famille d'accueil [3]. Environ la moitié des mères de ces enfants avaient elles-mêmes été placées quand elles étaient enfant. M. Anaut estime qu'elles n'ont pas eu de modèle parental solide, qui aurait fourni la base sur laquelle fonder leur propre vécu de parent. Elles sont donc incapables de s'occuper correctement de leurs enfants, lesquels se trouvent placés, soit volontairement par la mère, soit autoritairement par les instances judiciaires. M. Anaut en conclut que « les carences familiales semblent se transmettre de génération en génération comme un "héritage relationnel" ».

Or, le tableau est beaucoup moins sombre dans l'étude quasi prospective réalisée par Michel Duyme, chercheur au CNRS, et ses collègues, menée auprès de 563 sujets ayant été placés pendant leur enfance [4]. Elle montre que seulement 5 à 6 % des ex-placés reproduisent ce comportement. Si l'on compare ce taux de placement avec celui de la population française générale (1 %) et plus encore avec celui de la strate sociologique de l'étude (en l'occurence la classe ouvrière, qui présente un taux de 2 %), on constate que la répétition du placement existe, mais dans une faible ampleur.

3. M. Anaut, *Entre détresse et abandon : la répétition transgénérationnelle chez les enfants placés*, Paris, Éditions du CTNERHI, 1997.

4. J.-P. Assailly, M. Corbillon, M. Duyme, « Transmission intergénérationnelle et comportement parental ; étude longitudinale d'enfants placés », *Neuropsychiatrie de l'enfance*, juillet 1989, vol. 37, n° 7, p. 285-290.

S’interroger avant d’agir

Les questions suivantes peuvent aider à trouver des pistes conduisant à la résilience. Elles ont été conçues d’abord pour des enfants, mais peuvent, avec un minimum d’adaptation, nous aider aussi pour des jeunes ou des adultes. Toutefois, il ne s’agit pas d’un test ni d’une technique, mais seulement d’une orientation générale.

* *Mon regard sur l’enfant*

L’enfant représente-t-il pour moi un cas à traiter ou une personne ? Est-ce que je le connais bien, avec son potentiel visible ou caché ?

* *Le problème, vu par l’enfant*

L’enfant vit-il dans un chaos psychologique total ou a-t-il une logique qui lui est propre ? Quels sont ses repères ? Qu’est-ce qui représente un problème pour lui ? Est-ce cohérent avec la perception qu’en ont les adultes ? Comment gère-t-il son problème ? Quel enseignement puis-je en tirer ? Avons-nous une meilleure solution à offrir, qui soit compatible avec le point de vue de l’enfant ? Comment le savoir ? Une intervention risque-t-elle de gêner les capacités de l’enfant à résoudre ses problèmes ?

** Les centres d'intérêt de l'enfant*

L'enfant a-t-il des passe-temps favoris ? Que trouve-t-il beau ? Pratique-t-il une forme d'expression artistique (dessin, musique ou autre) ? Pratique-t-il un sport ? Quelles tâches utiles peut-il réaliser chez lui ou au sein de son entourage ? Prend-il soin d'une plante, d'un jardin ou d'un animal ? Peut-il s'intéresser à d'autres choses ? Est-il croyant, et si oui, sa foi constitue-t-elle une aide pour lui, ou non ? Pourquoi ?

** Les compétences et qualités de l'enfant*

L'enfant a-t-il un don particulier, une caractéristique valorisante ? Est-il possible d'améliorer ce don ? Qui peut l'aider pour cela ? Quelles compétences devrait-il acquérir et comment ? Quelles qualités pouvons-nous découvrir chez lui ? Est-il conscient de ses qualités ? Ou en est-il trop conscient ? L'enfant a-t-il une idée réaliste et positive de lui-même ? Comment peut-il développer ses qualités ? En quoi peuvent-elles aider cet enfant ou d'autres ? A-t-il des aptitudes qui se traduisent par un comportement indésirable, mais qui pourraient être utilisées de manière plus constructive ? Si oui, comment peuvent-elles être réorientées ?

** L'humour et les stratégies d'ajustement de l'enfant*

Certaines choses amusent-elles particulièrement l'enfant ? Rit-il avec ses amis ? Quelles histoires ou images drôles apprécie-t-il ? Son humour est-il respectueux des autres ou relève-t-il plutôt de l'ironie blessante ? Comment cet enfant joue-t-il ? Quelles sont les petites choses qui lui font plaisir ?

L'enfant fait-il usage de stratégies d'ajustement (évitement des problèmes, déni de la réalité, relativisation des difficultés, contrôle de ses émotions, rêverie diurne, etc.) ? Si oui, ces comportements l'aident-ils à mieux supporter sa condition ou présentent-ils un risque de déconnection de la réalité ? En cas de besoin, peut-on l'aider à réorienter utilement ces réactions ?

* *Les projets de l'enfant*

L'enfant a-t-il des projets pour l'avenir immédiat ou lointain et, si oui, comment voit-il le chemin conduisant à leur réalisation ? Est-il réaliste et capable de reconnaître les limites de ses aspirations ? Comment peut-il être soutenu ? Est-il ouvert à d'autres projets et qui peut éventuellement lui en proposer ?

* *L'environnement adulte de l'enfant*

L'enfant a-t-il des liens étroits avec des membres de sa famille, avec des amis ou avec d'autres personnes ? Si oui, ces personnes lui apportent-elles déjà un soutien, et comment ? Sinon, peuvent-elles y arriver, et comment ? Si l'enfant n'a personne dans son entourage qui puisse l'accepter et l'aider, lui donner stabilité et chaleur humaine, qui d'autre peut assumer ce rôle sans danger ?

* *Les autres enfants*

Y a-t-il dans son environnement d'autres enfants qui affrontent les mêmes difficultés mais qui n'ont pas l'air de trop en souffrir ? Que pouvons-nous apprendre de leurs expériences ?

* *Mon statut d'expert*

Si je me trouve dans un rôle d'« expert », sur quoi mon expertise se fonde-t-elle ? S'applique-t-elle bien à la situation que je traite actuellement ? Pourquoi et comment ? Que peuvent m'apprendre les enfants dont je m'occupe ? Comment puis-je valoriser l'expertise qu'ils ont de leur propre vie ?

Remerciements des auteurs

« Je remercie l'ensemble du BICE qui constitue un cadre permettant le développement d'une réflexion (très particulière) sur la résilience, qui se situe entre la science, l'expérience professionnelle, et la vie dans toute sa richesse, tout en s'engageant pour des projets de terrain. Cet ensemble comprend, au-delà des collègues, aussi les membres du conseil du BICE, des partenaires sur le terrain en différents continents, ainsi que des experts scientifiques, et finalement des étudiants qui ont demandé conseil mais dont j'ai aussi beaucoup appris.

Je m'abstiens de les remercier nommément, car le risque d'en oublier quelques-uns est trop grand.

Il suffit que nous nous rappelions avec gratitude la parole du professeur Jacquard : "Si je pense avoir eu une bonne idée, je constate quelque temps plus tard toujours qu'elle vient d'une autre personne."

Un grand merci à l'équipe de Bayard, qui a pris d'abord l'initiative de ce livre et qui a accompagné ensuite la gestation et la naissance du texte avec autant de compétence que de gentillesse.

Je dédie ce livre à mes parents qui m'ont appris que la vie est trop riche pour une seule langue ou culture. »

Stefan Vanistendael

« Je souhaite remercier les documentalistes de la bibliothèque de la Maison des sciences de l'homme de Paris, qui ont répondu avec beaucoup de gentillesse et de compétence à mes nombreuses demandes.

Mais je souhaite surtout remercier les personnes qui m'ont permis de construire ma résilience. Audrey et Aurélie, qui me font comprendre chaque jour que nous ne sommes pas condamnés à reproduire le comportement parental ;

Marc Guerra et Marlen Sauvage, pour leur amitié fidèle et si précieuse ;

Michel, Philippe et Denise Augendre, qui m'ont fait découvrir la psychologie et appris à mieux comprendre l'être humain ;

Paul Bleeckx, pour l'amitié au-delà des distances ;

Jorge Semprun, pour la richesse de son expérience et la beauté de ses écrits

Et beaucoup d'autres encore.

Je dédie ce livre à mes filles Audrey et Aurélie. Vos sourires et votre joie de vivre ont dissipé toutes mes larmes. »

Jacques Lecomte

Table des matières

Bayard Éditions

Psychologie

Yvonne Castellan, *Les grands-parents ces inconnus*
Carole Damiani, *Les victimes. Violences publiques et crimes privés*
Donald G. Dutton, *De la violence dans le couple*
Susan Edwards, *Des hommes qui aiment*
Alberto Eiguer, *Petit traité des perversions morales*
Alberto Eiguer, *Du bon usage du narcissisme*
Jérôme Kagan, *La part de l'inné*
Jean Maisondieu, *Les alcooléens*
Ethel Person, *Voyage au pays des fantasmes. Du rêve à l'imaginaire collectif*
Adam Phillips, *Monogamie*
Adam Phillips, *Le pouvoir psy*
Adam Phillips, *Baisers, chatouilles et autres petits riens*
Adam Phillips, *Du flirt*

Mise en pages : D.V. Arts Graphiques à Chartres
Achevé d'imprimer par Normandie Roto Impression s.a.
à Lonrai en mars 2002 pour le compte de Bayard Éditions
Dépôt légal : mars 2002 - N° d'éditeur : 2356 - N° d'impression : 020574
Imprimé en France